全國高等院校古籍整理研究工作委員會重點項目

浙江大學「211工程」三期「古代文化典籍整理、研究與保護」項目

義烏叢書編纂委員會
浙江大學浙江文獻集成編纂中心 編

徐文清公集

〔宋〕徐僑 撰
孫敏强 點校

中華書局

圖書在版編目(CIP)數據

徐文清公集/(宋)徐僑撰;孫敏强點校. —北京:中華書局,2023.11
(義烏叢書·義烏往哲遺著叢編)
ISBN 978-7-101-12593-1

Ⅰ.徐… Ⅱ.①徐…②孫… Ⅲ.徐僑(1160~1237)-理學-哲學思想-研究 Ⅳ.B244.99

中國版本圖書館 CIP 數據核字(2017)第116065號

書　　名　徐文清公集
撰　　者　〔宋〕徐　僑
點　　校　孫敏强
叢 書 名　義烏叢書·義烏往哲遺著叢編
責任編輯　劉　楠
責任印製　陳麗娜
出版發行　中華書局
　　　　　(北京市豐臺區太平橋西里38號　100073)
　　　　　http://www.zhbc.com.cn
　　　　　E-mail:zhbc@zhbc.com.cn
印　　刷　三河市中晟雅豪印務有限公司
版　　次　2023年11月第1版
　　　　　2023年11月第1次印刷
規　　格　開本/880×1230毫米　1/32
　　　　　印張5⅜　插頁2　字數80千字
國際書號　ISBN 978-7-101-12593-1
定　　價　58.00元

義烏叢書編輯部

主　編　吴小鋒

副 主 編　何曉東　龔俊紅　潘桂倩

成　員　（按姓氏筆畫排序）

毛曉龍　吴賢燕　周大富　施章岳　徐摯摯　張興法

傅　健　賈勝男　楊柳白　趙曉青　廖鈺琪　樓向華

劉俊義　謝山河

本書執行編輯　趙曉青

總序

汩汩義烏江，從遠古流來，流過上山文化，流經烏傷古縣，流入當今小商品之都，流成一條奔涌着兩千兩百餘年燦爛文明浪花的歷史長河。

義烏江流域，山川秀美，物華天寶，文教昌盛，地靈人傑。自秦王政始置烏傷縣，兩千兩百多年的歷史時期，勤勞智慧的義烏人在此耕耘勞作，繁衍生息，改造山河，創造了璀璨的歷史文化。

義烏地方文化，是中華民族文化的組成部分，因其獨特的地理環境和歷史原因，又具有自身鮮明的特徵。

義烏文化的獨特性，體現在「勤耕好學、剛正勇爲、誠信包容」的義烏精神裏，體現在「崇文、尚武、善賈」的義烏民俗裏，體現在「博納兼容、義利並重」的義烏民風裏。義烏精神及民風、民俗遂成爲源遠流長的中華民族文化之泓泓一脈，成了中國歷史上不可或缺的一頁。千百年來，義烏始終在傳承着文明，演繹着輝煌，從而使義烏這座小城魅力無限。

義烏自古崇尚耕讀，特别是唐代之後，學風漸盛，素有「小鄒魯」之稱。自宋以來，縣學、社學、書院及私塾等講學機構多有設立，而「莅兹土者，莫不以學校爲先務」。故士生其間，勤奮好學，蔚成風氣，學有成就，燁燁多名人。並且，輻射出巨大的文化能量，不僅本地名儒代有，在浩浩學海與宦海中大展宏圖，而且還活動過、寄寓過數不勝數的全國各地的文化名人，從文人學者到書家畫師，從能工巧匠到杏林名家，其生動活潑的文化創造與傳播，綿延不絶的文化承續與傳遞，從來没有湮滅或消沉過。在博大精深的中華文化領域裏獨樹一杆頗具特色的義烏文化之幟，在優雅千載的儒風中誕生了許多屹立於中華民族之林的英傑。也正是文化底藴的深厚與文化内涵的博大，造就了令人神往的義烏，使其作爲中華文化淵藪的鮮明形象而歷久彌新。

歷史，拒絶遺忘，總要把自己行進的每一步，烙在山川大地上。

時間逝而不返，它帶走了壯景，淘盡了英雄，留下了無數文化勝迹和如峰的聖典。只有在經過無數教訓和挫折之後的今天，人們才逐漸認識到作爲一個複雜系統的組成部分，城市的各要素所具有的種種不可替代的價值和功能，它們飽含着從過去傳遞下來的信息，而《義烏叢書》正是記録這些信息的真實載體。

歷史是無法割斷的，許多古老的文化至今仍然在現實生活中發揮着重要作用。當我們向現代化的目標邁進時，怎樣繼承古老文化的精華，剔除其封建糟粕，在傳統文化的基礎上建立社會主義新的文化格局，是一個擺在我們面前與物質生産同等重要的任務。

一位哲學家曾經説過，哲學就是懷着鄉愁的衝動去尋找失落的家園。今天，我們正處於一個重要的歷史性轉折時期，越來越多的有識之士也開始意識到，對民族民間文化源頭的追尋迫在眉睫。鑒於此，我們編纂出版《義烏叢書》，具有深遠的歷史和現實意義：

搶救文化典籍，古爲今用　文化典籍中的善本古籍，是前人爲我們留下的寶貴精神財富和歷史見證，極富文獻價值和文物價值。義烏歷代文士迭出，著述充棟。這些歷經滄桑而幸存下來的「國之重寶」，或出於保護的需要，基本封存於深閣大庫，利用率甚低；或由於年代久遠，幾經戰亂，面臨圮毀。如今，《義烏叢書》編纂工作的啓動，爲古籍的保護與使用找到結合點，通過影印整理，皇皇巨著撣除世紀風塵，使其化身千百，爲學界所應用，爲大衆所共享；同時，原本也可以得到保護。真可謂是兩全之策，是爲民族文化續命，是爲地方文化續脈。

繼承傳統文化，發揚光大　在義烏歷史上，有許多人文典故值得挖掘，有許多可歌可泣的先進事迹值得記載。撥浪鼓文化需要傳承，孝義文化值得發揚，義烏兵文化應予光大。但由於歷史上的義烏是個農業縣，文化底蘊雖然深厚，載入史册的却寥若晨星。而深厚的歷史文化傳統能孕育和産生强大的文化力，能爲塑造良好的城市形象提供重要基礎，這種文化力所形成的精神力量深深熔鑄在城市的生命力、創造力和凝聚力中，是推動城市經濟和社會進步的内在動力。因而，《義烏叢書》編纂者堅持傳統文化與現代文化相銜接，精英文化與大衆文化相兼顧，創作出義烏歷史上從未有過的文化系列叢書，既是精神文明建設的需要，也是物質文明建設的需要。

追溯文化發源，承前啓後　義烏經濟的發展，並非無源之水，無本之木。「參天之木，必有其根；環山之水，定有其源。」義烏發展的文化之源、義烏商業的源流之根、義烏文化圈的形成特質，包括宋代事功學説對義烏「義利並重、無信不立」文化精神的影響，明代「義烏兵」對義烏「勇於開拓、敢冒風險」文化精神的影響，清代「敲糖幫」對義烏「善於經營、富於機變」文化精神的影響等。因而，如何用文化來解讀義烏，也成了《義烏叢書》的重要組成部分。

廣義的文化幾乎無所不包，狹義的文化基本限於觀念形態領域。從以上包含的内容可看出，《義烏叢書》對「文化」的界定，似乎介於廣、狹之間，凡學術思想、哲學原理、科技教育、文學藝術等多個類别與層次，均在修編範圍之内。

幾千年歲月藴蓄了豐贍富饒的文化積澱。面對多姿多彩、浩瀚博大的義烏文化形態，我們感受到了其内在文化精神的律動。

保存歷史的記憶，保護歷史的延續性，保留人類文明發展的脈絡，是人類現代文明發展的需要。如今，守望歲月的長河，我們不能不呼籲，不要讓義烏失去記憶。《義烏叢書》卷帙浩繁，她集史料性、知識性、文學性、可讀性、收藏性於一體，以翔實的史料、豐富的題材、新穎的編排，全景式地再現了江南「小鄒魯」的清新佳景和禮儀之邦精深的内涵。走進她，就是走進時間的深處，走進澎湃着歷史的向往和時代的潮音的實地，去領略一個時代的結束，去見證另一個時代的開始。宏大精深的傳統文化曾經是，也將永遠是義烏區域文化賡續綿延的基石，也是義烏繼續前進乃至走在全省、全國前列的力量。在建設國際商都的進程中，搶救開發歷史文化遺産，掌握借鑒先哲遺留的豐碩成果，是全市文化學術界的共同期盼。因而，編纂這套叢書既是時代的召唤，也是時勢的需要。

習近平總書記近年來一直强調，文化自信是更基礎、更廣泛、更深厚的自信。我們認爲，地方文化是中華文化的本質特徵和根本屬性，是中華文化的重要代表。我們對地方文化源頭的追尋，正是爲了堅定我們中華文化的自信。這也正是我們編纂出版《義烏叢書》的主旨與意義所在。

義烏叢書編纂委員會

目録

前言

徐僑（一一六〇——一二三七），字崇甫，號毅齋，謚文清，南宋名臣，政治家、理學家。徐氏家族祖籍諸暨，五代吴越時，其十一世祖徐公時敏爲常侍，始遷至婺州之義烏，定居於縣治西南三十里的靖安（今義烏市佛堂鎮王宅）。其曾大父諱世都，大父諱文獻，父諱人傑。

徐僑於高宗紹興三十年庚辰六月十八日出生於義烏之龍陂里。長兄徐侃、次兄徐倬都師從東萊先生吕成公，而徐僑則於孝宗淳熙二年乙未（一一七五），師從吕氏門人葉邽，爲東萊先生再傳弟子，時年十六。次年，入縣學。淳熙六年己亥，年二十，娶胡氏。次年，鄉試中式。淳熙十四年丁未，年二十八，中進士，任上饒縣主簿。次年，朱熹道過上饒，徐僑執以弟子之禮，由此始入朱子之門，終身師事之。《宋史·徐僑傳》載：「淳熙十四年，舉進士。調上饒主簿，始登朱熹之門。熹稱其明白剛直，命以『毅』名齋。」秩滿，授紹興法曹。慶元三年丁巳（一一九七），年三十八，丁父憂。轉任南康法曹。嘉泰二年壬戌（一二〇二），年四十三，丁母憂。服除，謁選。開禧二年丙寅（一二〇六），授嚴陵推官。上書力陳與金人議和之危害，提出退敵之策，未被採納。嘉定七年甲戌（一二一四），年五十五，由嚴州推官考滿，差主管刑工部架閣文字，除國子録，改宣教郎，召試館職。次年，除秘書省正字，遷校書郎兼吴、益王府教授，直寶謨閣。自請外知和州。嘉定十年丁丑，改知安慶府。嘉定十一年戊寅，年五十九，除提舉江南東路常平茶鹽事。道過金陵，時淮民流散江邊者數以萬計，公亟命郡邑丞開常平倉賑之。以有關軍國之大而憂危之切者上奏，因而觸怒丞相史彌遠，劾罷。家居十餘年。先隱居五雲山，後徙丹溪，在赤岸建東岩書舍，致力於著書授徒，究研理學，陶然於天倫之樂與家園風光。紹定六年癸巳（一二三三），公年七十四，丞相史彌遠卒，理宗親政，除寶謨閣江東提刑，尋除秘書少監，三辭，始拜命。端平元年甲午（一二三四），改太常少卿。端平二年乙未，除兼侍講，尋兼權國子監祭酒，陞集英殿修撰提舉佑神觀兼侍講。嘉熙元年丁酉十一月九日，與世長辭，享年七十八。逝世前四日，手書「嚴祭祀，重墳墓，續儒學，教子孫，立門户，肅内外，親益友，遠小人」付子録等。有旨仍除實謨閣待制，謚「文清」。

徐僑對理學有重要貢獻，主要體現在兩個方面：

第一是政治上提倡。端平年間，理宗親政，徵召徐僑與真德秀、魏了翁等老儒入朝。徐僑上表陳請周敦頤、二程、張載、朱熹從祀孔廟。明王褘《義烏宋先達小傳》云：「朱子之學詘於慶元，及伸於端平，僑與度正、葉味道實發之。」程朱理學得到官方欽定實始於南宋，徐僑作爲南宋後期理學傳人，自有其貢獻。

第二是學理上弘揚。清人輯撰《金華徵獻略》稱讚徐僑於朱子之學豁然貫通，可稱「朱子之的傳」。徐僑中年罷官居鄉十七年，於赤岸開設東岩書舍，授徒講學，傳承朱子之學。在徐僑衆弟子中，朱元龍、康植、樓大年、王世傑、龔應之、葉由庚、朱中等皆有名一時。而正如宋濂《葉由庚傳》所説，朱子思想學説得以大行於浙東，徐僑及其弟子葉由庚起了重要的作用。

徐僑專精篤實、真踐實履的理學精神，同樣也體現在其創作中。其詩文特點之一，便是言爲心聲，自然而發。其遺存詩歌百餘首，以「即事」名篇的就有六篇，大凡即景抒情約三分之二，送行唱和約三分之一。無論是即景抒情還是唱和送行，時時言道説理，大多平和近人，與其當下生活情景和生命情感息息相關，發於真性情，而未故作高論，或爲假道學式的刻意做作。我們由《毅齋即事》等詩即可感知其辭官歸故里時真實的日常生活和心境。

據《中國古籍總目》，徐僑今存著作有三個系統，實可視爲二：其一《毅齋詩集别録》一卷，有後附朱元龍《家傳》一卷（約一二五一）的明正德六年（一五一一）徐興刻本，與不附《家傳》的《宛委别藏》本，兩個版本内容區别僅在有無《家傳》；另一種爲《徐文清公集》一卷，只清光緒七年（一八八一）一刻，現存南京圖書館。

《毅齋詩集别録》刊於明正德年間，據卷首載十一氏孫徐興《序》云：「奈何世久人微，家無全册，僅有《雜説》數卷。成化丁酉，興受業於齊山允達王先生之門，復得先正忠文公所藏《毅齋文集》一十卷。幾欲鋟梓……莫之暇及。弘治壬戌，不意遭回禄而前集煨燼，可勝惜哉！尚幸是録存於别館」，則該集原本爲十卷，而今本《毅齋詩集别録》篇什蓋僅存十之一二，徐僑之書雖已非完璧，而其思想精神與事迹仍歷歷如在。

《四庫未收書提要·毅齋别録一卷提要》云：「不以詩名，然無講學家習氣，頗近江湖詩派。」將徐僑詩作與史傳所載相參看，可見其紓解民困、改革弊政、勇於擔當的作爲，以及民胞物與、己飢己溺的拳拳之心，洵可謂仁者之詩。

《徐文清公集》只清光緒七年一刻，較《毅齋詩集別録》有如下不同：其一，有《家傳》，但在前；《家傳》的龔永吉序（一四六九）在前，徐興重刊序（一五一一）在後；《家傳》附《徐僑列傳從宋史中定本》一文。其二，《家傳》後爲「詩集」，首行作「毅齋別録」；徐興正德六年《毅齋詩集別録序》，該本名爲「文清公詩集別録序」，之後爲陳文蔚《毅齋記》；具體收録，除《近陳和仲訪山間不值留詩今次韻招之》《宿野墅五更窗月照瓶中老梅清甚有感》兩首順序顛倒外，末尾多出《竹門》《偶書二絶》《訓學》《訓言》《訓行》《訓仁》六篇。

本次整理以清光緒七年刻本爲底本，以明正德刻本和宛委別藏本爲他校本。

底本有誤而校本不誤者，改正底本並出校記説明；異文兩通者，不改底本原文，出校；底本不誤而校本誤者，不出校。

凡遇底本避諱及改篡文字，如「弘治壬戌」，光緒刻本避清高宗弘曆諱作「宏」，又，明本《家傳》中原有「虜」「韃」等字，光緒刻本一一删却，皆依校本與歷史原樣直接回改，不一一出校記。俗體字、異體字改爲規範字。通假字據底本迻録。

此外，搜輯散落的徐僑作品，作爲「補遺」。附録一爲有關徐僑的傳記事迹，附録二爲友朋書信唱和之作，附録三爲他人所作序跋評論，附録四爲整理者對徐僑政治思想、理學貢獻的總結，以幫助讀者對徐僑獲得更多的認識和瞭解。

家傳

宋待制徐文清公家傳序

故宋寶謨閣待制文清徐公家傳，乃門人所撰録，嗣孫彰之所刊也。彰去世已五載矣，嘗遺命其子珣求序於余。嗚呼！余與公同鄉，而公生於數百年之前，雖不獲見而知之。其學術之見於著作、發於政事、形於言論間者，已書於國史，載於郡志。余蓋聞之稔矣。然國史、郡志之所登載，皆舉其略而未詳，固未有若此書之詳備也。有志于尚論古人者，是書可舍之哉？孟子曰：以友天下之善士爲未足，又尚論古之人。誦其詩，讀其書，不知其人可乎？是以論其世也。謹按《傳》，公從東萊吕先生講明爲己之學，已知趨向之正，繼登晦庵朱先生之門，先生嘗稱之曰：「明白剛正士也，講學已有意趣。」又曰：「析理殊精。」公益博諸同志之所見聞，約以吾身之所踐履，講繹辨質，反覆不置。公得理學正傳，其淵源固有自矣。登淳熙十四年進士第，初主上饒簿，再知和州，繼登朝。著其爲治，大要皆不出乎正心、齊家、知人、安民而已。使我公生於唐虞三代，而得堯、舜、湯、武之君事之，則皋、夔、伊、周之事業豈足多哉！惜乎，時不能用其言，使當時不復見太平之治，非公之不幸，實天下之不幸也！彰以輸粟供上，用得冠帶，固義舉也。兹又刊其家傳，非特爲四方學者尚論古人之一助，而顯揚先祖之孝，豈不益可重哉！因其請，庸書此於卷端，以識景仰之意云。

成化五年四月朔旦正義大夫資治尹南京大理寺卿前兵部侍郎里人龔永吉序

重刊宋待制徐文清公家傳序

君子任行道之責，得所遇，則勢易爲，而無事可見，記載之書不存可也；失所遇，則勢非其勢，其存諸心、發諸言、措諸事，撥亂反正之惟艱，革故鼎新之不易，苟記載不存，則無以表忠貞而厲臣節。此興先世文清公家傳之所由作也。蓋公以剛明之資，從朱、吕之學，口傳心授，洞見聖源。二先生倡道於上，而公則相與闡明於下，表表乎金華之正學。奈何當宋室世道方隆之秋，立朝事君，不容默默，不容唯唯，推正學以行正道，持正論。語治則本於堯、舜、禹、湯、文、武治天下之大經大法，語學則本於孔、孟、思、曾垂世立教之微言奥旨。蓋治本於道，道本於心，以帝王之所以治者圖治，則有以接乎道統之傳，而善治日臻；以聖賢之所以學者爲學，則有以得其心法之要，而真儒輩出。治以驗其學，學以資乎治，挽世道於唐虞三代，公之能事也。然當是時，君子小人互爲消長，故其所存所發與所施設者，雖足以撥亂反正，革故鼎新，而莫之能濟，良可慨也。雖然，其忠憤剴切，危言正行，卒不可泯，故能致中才之主，崇尚理義之教，而保邦未墜。韓子謂孟子闢楊、墨，存十一於千百，而推其功不在禹下，此之謂也。夫以公之才之德而忠義傳芳，足以感激後世，故其門人朱元龍、葉由庚、龔應之之徒，記其首末以藏於家。至九世孫興大父彰刊行四方，引之弗替。弘治壬戌，舊版毁於回禄，興二三昆仲恐其久而失傳，復倩工鋟梓，庶幾不忘先德而有裨後世云。

正德辛未臘十一世孫貢生興敬序

宋待制徐文清公家傳

公諱僑，字崇父。其先，越之諸暨人。十一世祖，官吴越，爲常侍，始遷於婺之義烏。其譜諜可見者，東萊先生吕成公已識於公大父之墓。曾大父諱世都，大父諱文獻，父諱人傑。累贈中散大夫，母鮑氏，贈令人。公生於紹興三十年六月十有八日。幼視不傾，言不誑，行必重，坐必端，儼如成人。弱冠，入太學。淳熙十四年，上進士第。主信州上饒縣簿，部使者聞其賢，將薦之，問所欲。公曰：「某欲盡所職而未能者也。」秩滿，授紹興法曹。丁中散公憂。再調南康法曹。及考，丁令人憂。服除，謁選，適當開禧講和，金索建議大臣之首。公聞之，亟見樞密林正惠公大中曰：「侂胄死有餘罪，函首固無所惜，懼非所以立國體也。」歷陳所以却之之策。林公雖是公言，而廟論已定。迺白諸朝，欲晉以爲臨安教官。而公從選部授嚴陵推官以去。至郡，事有不可，必反復論諍，無激訐〔一〕近名意。雖異己者，久益知敬。郡將欲舉公，

〔一〕「訐」，本作「訏」，據明正德本改。

適同寮有謀合潁去者，公遜以先之。再舉，卒不受。朝臣余公嶸十數公合薦於朝，謂公學洞聖源，行表鄉曲，不當使之陸沈州縣。既而余公出爲本部詳刑使者，以職事檄公至，接以敵己禮，使升車於庭。公曰：「此浙西提刑廳事也，非屬吏所當踰越。」揖趨而退。嘉定七年，差主管刑工部架閣文字，除國子録，改宣教郎，召試館職。策以邊備四事，公對言：「自古爲國，不憂天下之多事，而憂大體之不舉，大勢之不振。譬之身焉，邊陲之虞，特一股之患，元氣苟充，於一股乎何有？正人，天下之元氣也；公論，國家之藥石也。元氣充盛，則病無由生；藥隨所患而攻，則何疾不除？乃者讜言交沮，公論窒而正道屈矣。君子，陽屬也，剛明鯁亮，陽之象；小人，陰屬也，柔佞緘默，陰之象。今君子在朝，而君子之道不行，未免緘默而象乎陰。久於緘默之陰，則小人出而乘之，一隙之否生，全盛之泰消，不可不察也。況廟堂論道經邦之地，而於瑣瑣細務加詳，則當務者略矣。所謂當務者，自正君心始。欲正君心，自正其心始。故寅亮天地之心，不可不清虛；燮理陰陽之氣，不可不和平。大本立矣，則何行不順，何事不舉，此其要也。」除祕書省正字。時方閔雨，公因輪對，歷疏稱提楮幣、安邊所二害，乞盡蠲滌，以答天戒。次言：「三綱五常，國所與立，靖康之禍，痛塞天地。高宗間關南渡，生聚而教訓之；孝宗厲志繼伐，雖讎未可乘，而聖心無一息忘。搢紳之論無一日沮，人人有讎虜之志。虜亦畏讋，不動東南，國勢得以扶持撐植者八九十年，非直恃講和之利也。今虜寄息汴都，其民欲與之偕亡，而吾中國之論，惟恐其亡之遽也，方以存虜爲幸，豢虜爲得計，何以作興天下忠憤之氣？願大明綱常之正理，絕虜，歲幣勿遺。」會詔求言，公復上封事曰：「比奉面對，適當憂閔焦勞之際，首乞盡蠲稱提、安邊所二害。陛下首肯至再三。臣待罪旬浹，未覩施行。凡民之辛苦以自衣食者，勿擾之可也。今所拘没，實民財也，民産也。有司奪其生生之具，以市寵於上。蓄死含冤，幾徧四海，何忍聚此怨憤毒戾之氣於帑藏，以干天怒乎？自春徂夏，雷不發聲，當震而潛，威斷不行之象也。風霾終日，蚤莫多寒，佞柔蒙蔽之象也。天意若曰，陛下有仁民之政，當發施而不決，多牽制而不遂，此其示變尤爲切至。願一試臣言，而決行之。其有懷姦諱過，以沮此議者，宜斥之以謝天。臣言行而不雨，即誅臣以謝天下。」遷校書郎，兼吴王、益王府教授。請外知和州，警軍實，繕守備，尤以撫恤民隱爲本。郡所恃惟敢勇一軍，簡練積弛。就選五百輩，造械器，委將校，日教以弩射叉鎗之法。旬一親按，科其優怯，而賞罰之，咸激厲自奮。師檄欲索去，反復再四，至以語侵公。公謂：「徐某可去，此軍不可去。」迄不發。時郡民困於和糴溢量，公俾之自概而明取，升耗以給費，民以爲便。既而逆虜他時升耗之外又加溢焉，乃請於朝，蠲之。虜騎薄境，公部分既定，賓寮將士，争請揭牌閉關，公不爲動。郡丞欲遣妻孥，絶江以避，公正色曰：「不幸受圍，當共死守。」虜知有備，不敢犯。城中官屯民兵錯集，數以火告，要索攫攘，人甚苦之。公命總軍隨營畫界，界内自撲滅，不過五家十家者，論賞有差，踰是者罰。久之，防城營側火，公親督之。飭管界將曰：「火政即軍政，如火及寨不滅，即行軍法。」將奔往，麾旗登屋，其下争效，火隨以熄。公録用命者，厚賞之。迄公去，不復火。越歲，改知安慶府，實代黄公榦。公丐祠，且謂安慶守臣既得人，奚以更爲？廟堂亦知公治行，乃俾因任。公奏：「今有可乘之時幾，而自棄其幾；有可附之人心，而自離其心；有可振之國勢，而自摧其勢。積是三失，戰不能，和不可，於是議者益堅自守之説。夫有必戰之志，能戰之具，而後可言守。邊淮之地，未嘗不爲固守之備，而上下常有不可守之虞。其患有六，曰：上下避事，將帥異心，糴運擾民，巡警非任，民兵無實用，官軍無固志。願聲大義，以厲天下之志；廣至恩，以懷中原之心；圖遠略，以蓄全勝之威。移制司於兩淮要地，凡軍務一聽其所爲，使得以專其賞罰予奪之權。朝廷惟嚴黜陟，以責成效。則六患革而三失去矣。」嘉定十一年冬，除提舉江南東路常平茶鹽事。道過金陵，適淮民流散江滸者萬計，公檄郡邑丞舉常平賑之。丞恃制府，緩報。公怒曰：「此豈常程文書邪？」亟命發廩，且劾二人者於朝。制帥李公珏力爲之辭辨，不顧也。江東民困户役，公因糾訟，爲結義徭，下九郡槩行之，民樂其成焉。視事及五月，當上便民事。公謂事有關軍國之大而憂危之切者，廼奏：「國所恃以立者，民也；衛民而安者，兵也。今天下之民，憔悴愁苦，類欲無生；天下之兵，飢窮羸弱，動皆竄屻；爲陛下治其民者，率皆貪吏；統其兵者，莫非債帥。郡守食人毒民之極證，王人被戕剥下之奇變。此何景也？内外文武之臣皇皇焉，惟知殖私奉賄以媒進，朝貢莫召，矜得成風。總天下之征誅，而肆出無藝；殫天下之膏血，而忍於不仁。昔竊公帑，今奪民産；昔盜軍儲，今鈎虜貨。職爲臣子，而忍至是邪？三邊俶擾，若民與兵斃於虜寇者，動以萬計；殘於叛卒者，無慮數十郡。淮民奔迸，開輒禁渡涉，棲困江干，雖被旨趣濟，弗顧。若是者，非有所恃，其敢有所忍哉？禧姦臣顓政，臣嘗有兩語曰：『廟堂爲交易之地，臺諫爲囊橐之所。』是時四方視朝廷蔑如也。厥今元勳大帥，挾忿逞悍，偃然有玩侮顓擅之意。歸附黠將，賞不屑受，令不率稟，私戮弗告，外交弗聞，跨處兩間，恃勢爲決，其輕朝廷、無君上，無異曩時。此無他，子帥以正，孰敢不正？苟子之不欲，雖賞之不竊。人必自侮，然後人侮之。聖賢之語，若端爲今日設者。毋曰，蜀少安矣，山東拓復十數郡矣。殘虜垂斃。與我爲敵者，萬萬非今日比。天下大物也，今如不繫之舟，置之渺茫浩蕩之中，風濤上下洶洶，盜賊左右縱横，而舟中之人，方且爭取金珠，競攫錦罽，漫不知艈柁之省，弓矢之禦。彼其爭民施奪，召釁賈禍，如蛾赴火，如魚遊釜，而身而家奚卹，如天下何？孟軻曰：『上下交征利，而國危矣。』然中原苦殘虜，如墜塗炭；畏彊韃，如畏虎狼；望仁義之師，如饑渴之須飲食。苟中國之政率正矣，則歸者如市。英豪誰敢不服？其機一轉手間耳。願明詔大臣，以正己之道正人，憂家之慮憂國，斥逐邪佞，親邇忠直，守廉隅者臨民，閱詩書者總戎，以弭污虐之風，以繫軍民之心，以消僭叛之萌。庶幾致安於已危，迓治於將亂。不然，厝火積薪，噬臍無及。」疏下，中書宰相大怒，言者遂論罷。時公方行部聞，命即解印。軍民嗟惜，家設香几，拜於道左。越六年，今天子即位，首崇儒學，禮耆艾，旌恬退。於是真公德秀入朝奏謂：

「直諒敢言如陳密、徐某，非特未加召擢，褒寵抑且莫及。陛下欲收用賢之效，若密若某，願寘之言論之地，實轉弱固疆之本。」言者相繼，當國者漫不省會。從臣有念公□久，自爲請祠者，始差主管華州雲臺觀，公弗獲，迄不受禄。紹定二年，公以年及告老，不允，差主管建康府崇禧觀。再請，乃得謝。蓋自江東抵劾〔一〕以歸，往來五雲山中，松欄石磴，擬亭寄適。晚徙丹溪，結廬數楹，茅瓦雜覆，僅庇風雨。澹然容與，蓋將終身焉。六年，丞相史彌遠薨，上始親攬政權，思得宿望，以礪貪風，以新大化。是時，中外延頸以俟登用者，惟公與真公德秀、魏公了翁三數公而已。於是有旨落致仕，以直寶謨閣、江東提刑起公，公辭。十一月，除秘書少監，三辭始拜命。明年，改元端平，又改太常少卿。制辭有曰：「爾好古道，行古學，『瞻彼淇奥』，其容比於禮；『考槃在澗』，其節比於樂。老成典刑，思見如渴。擢貳蓬省，翔而未集，又舉奉常亞卿以進之。時行則行，幡然一來，講王道於玉帛鐘鼓之外，以善人心，視獨善有間矣。毋使朕有齊、魯二生之歎。」再辭，詔所居郡守臣以禮津遣。至是及期，

〔一〕「劾」，原作「効」，據明正德本改。

猶力辭未就道。一日，上諭講官葉味道曰：「徐僑屢召未至，可諭朕意，趣其來。」公始有力疾造朝意。九月到闕，乞以前除秘少擊〔一〕銜入見。奏曰：「天下至大，莫難於爲君。然知其大而不知其所以大，知其難而不知其難而易者，則亦無補云爾。在昔帝王之爲天下，其要道有四：正心、齊家、知人、安民是已。然學以正心爲本，治以知人爲急，又其要也。自宗周既衰，而天下無王；聖道不傳，而人主無學。陛下以聰明睿知之姿，師堯舜而宗孔孟，則曠絶不傳之學，將創明於陛下矣。竊觀奎製《緝熙殿記》有曰：『因一理以融會充廣於心，足窺宇宙之大。』又知陛下知其所以大者矣。然自權臣秉國，壞朝廷紀綱，敗天下風俗，削民生基本，濫觴於慶、泰，滔天於嘉、寶。陛下適遭其逢，於沈潛養晦中，堅無悶憂違之志。一旦大明麗正，首斥貪暴，登賢舉逸，甚盛舉也。然親政且及期矣，雖鼎取之新略舉，而革去之故猶在。臣竊惑焉。夫致治有大本，致弊有大源。所謂今日大弊，特起於苞苴耳，苟且以將禮，〔二〕意固未以爲貨也。至舉一世之官爵爲私，龍斷於鼎軸之地，雖累鉅萬金産，輒寓書契於

〔一〕「擊」，疑當作「監」。
〔二〕「特起於苞苴耳，苟且以將禮」，原作「特起於苞苴以將禮」，據明正德本改。

一紙。於是畿内大司爲其内帑，而外庫徧天下矣。然則舉天下之民皆瘠，由舉天下之官皆墨也。陛下亦既知今日大弊之源，而降丁甯懇切之詔矣。然苞苴不入於通闠，匪笥徑趨於私室。昔也端奉一門，今多門矣。至於風俗之敗，有如父兄不能令其子弟，鄉隅不能糾其保聚。錢積於贓室，而楮幣輕；監倚於勢家，而鈔法廢；商媒鉅貨而通於虜；士謀大刼而主於寇。上下交征，流弊至此極矣。朝廷之上，乃欲隨餘波，逐末流，而疏剔焉，徒使清明之德，曾無顒乎丕應之一驗者。又如百年仇虜，一朝就滅。此天下之所共吐憤者。王師奉命，已如神京，謂可以繫中原之望；王臣將旨，恭謁求陵，謂可以慰在天之靈。然當其可之謂時，時則有甚不可者。陛下非不布宣詔令，而未能信必；非不聽納規諫，而率多遷就；非不選用賢才，而猶多混淆。殊未有堅凝純一之規。天下，大物也；邦國，重器也；生民，大本也。是必有鎮定保安之大計，而後可以有爲。不然，幾易失，勢難回，時亦不可需也。陛下亦嘗反躬而深思乎？君心正，則朝廷正，以至百官萬民莫敢不正。然則二者之要，又以正心爲先。人受天地之中以生，得天地生物之心以爲心。其爲體也，静一而虚明。惟静爲能制天下之動，惟一爲能統天下之衆，惟虚爲能受天下之實，惟明爲能决天下之幾。體有不存，則欲動情勝，而其用之所行，必有不得其正者矣。陛下之登天位也，天與之也，豈權臣之所得與哉？其奉迎者，進妖媚而置善柔巧佞於左右，凡可以蠱良心而昏明德者，無所不用其至。此忠國者之深仇，愛君者之大慼也。陛下方以定策崇勳，而迹其故轍，任其舊屬，豈念其昏蠱之爲忠，而忘其敗壞之非罪乎？欲塞其源，而反揚波以助其瀾，是陛下之心於此猶未得其正也。所謂二者之要，其甚難者，蓋在此。世有誕膺天命之君，必有與共天位之臣。故堯得舜於耕，文王得太公於獵，其精神之相照燭也至此。其視天下之大運量，固有不足衡其慮者矣。乾旋坤轉，正在掌握，革弊易治之幾，特決於陛下一念慮頃耳。」反復數千言，上爲竦聽。且曰：「苞苴仍有之？」公奏：「臣備見此弊。」上曰：「知人也難，近所進用如何？」公奏曰：「臣前所謂猶多混淆者是也。」因奏：「所謂知人者，尤今日之急務。蓋致今日之大弊者，由失其人。欲革前日之大弊，亦在乎得其人而已。然臣所陳帝王之要道爲詳，指今日之事爲略者，願陛下澄神定慮，養此純一之心，以致精一之道，而力行之。臣嘗謂，堯、舜、文王，大聖人也，孔子亦大聖人也，故聖學必以堯、舜、文王之道爲師，孔子之言爲宗，則道得其正傳，心得其全體，而無偏繫之差。」上稱善再三。公又奏：「臣昔爲秘書省校書郎，躐進爲貳，已越臣舊服數等。至若少常，又列少之最高者。竊謂名與利雖有清濁之殊，不審進退而冒受均謂之貪。陛下方興廉抑貪，以風厲天下，而未能頓弭，請降免旨自臣始。」上不許，宣諭就職者再三，乃拜命。翌日，御筆兼侍講。公奏：「起居舍人蔣重珍猶爲説《書》，臣秩卑，不當躐居其上。且昨在山間温繹《語》《孟》，若使備數晚説，或可上裨緝熙。」萬分再辭，不允。有旨徑升《論語》早講。公奏：「既陞《論語》早講，宜以《中庸》《大學》《孟子》，到〔一〕於晚説。」又謂：「《論語》一書，實孔門高弟記夫子之微言至行，以著明聖道之大原。通此經，則『六經』可不治而明。今科試乃附於諸經命題之末，而謂之小經，太學講《書》，則博士正録，講『六經』而《論》《孟》不與。夫《論語》者，徹上徹下之道，成始成終之學。今直使視爲童儒之習，稍長則棄之。理學不明，實基於此。臣昨奉聖訓，謂《論語》聖經，欲易以嘉名。在昔此書，謂之『魯論語』，以别『齊論語』。若因其舊稱，謂之『魯論』或『魯經』，亦述而不作之義。仍下禮部、國子監裁酌，凡科試命題，

〔一〕「到」，疑當作「列」。

學校講説，並與『六經』一體施行。庶使天下咸知陛下升崇此經之意。以開後學之良知，以垂萬世之丕憲。」上遂定名「魯經」，事下省部，見謂迂闊，不行。公每當進講，必先齋心存誠，如對君父。及講，旁引抗論，常出於櫝〔一〕陳之外。凡有所見，竭盡無隱。初入朝，執政有戒以勿言濟邸事者。公愀然曰：「三綱五常，人道之本，而人君則三綱五常之主也。主本不正，而欲天下萬事之正，難矣。然弊已深，則言難入；言愈激，則聽愈厭。於是日以聖經賢傳所載友愛之言反復開導，欲使上心涣然融釋於一悔悟之頃，則天理著而國是定矣。」一日，御筆與復濟王官爵，眡塋致祭。公謂既復爵矣，則當用王禮改葬；既許眡塋致祭矣，則當置後以奉祭。此職典禮者所當參討故實，以廣上心。乃與儀曹李公皇合辭爲上力陳之。上初不以爲忤。當國者不能即天理之發見，以全其友愛之本心，議者惜之。一日講畢，上言二程氏理學之純。公奏：「自孟氏殁，而正學不傳。至我本朝，二程氏出，發揮義理，於是聖道焕然復明，誠前代所未有。程顥氏言，天理二字，是自家體貼出來，此正道理源頭。願陛下於一

〔一〕「櫝」，原作「瀆」，據明正德本改。

念慮之微，一號令之出，必思合乎天理之純，而不使纖毫私欲雜乎其間。及久，自然純一之心固，而精一之道得矣。」上曰：「正賴卿。」又曰：「二程氏之學，自濂溪來。」公奏論：「其發端實自周氏，而其自得之妙，則有非師友所能與者。」上又及横渠之學。公奏：「臣嘗言張氏謂性爲萬物一原，其知性矣。《西銘》之作，其知天矣。但其晚逃佛老，故立言間有未及二程氏之純處。」上曰：「《西銘》却好。」公奏：「此其文之最純者。願陛下勿徒誦其言，而必有以行其言。事事合天，則君道盡矣。」公又奏：「二程氏宜從祀於夫子廟廷。王安石學術頗僻，至謂：『天命不足畏，祖宗不足法，人言不足卹。』害政壞法，卒基靖康之禍。願廢勿祀。」上欣然開納，且謂：「李臯亦請並祀周敦頤、程顥、程頤、張載、邵雍、朱熹。」公奏：「邵雍氏之學，推數以明理，未及諸先生之純。願亟俞李臯之請，先以五人列諸從祀。」上曰：「未得一視學謁先聖。」公奏：「臣首疏嘗言，藝祖登極之初，未遑他事，而臨幸太學者三。及御大内，洞開諸門，謂左右曰：『端直軒豁，如我心焉。少有邪曲，人皆見之矣。』有天下而且不私其子，非有仁天下之公心，孰能與此？故人倫首明，而家法爲獨正。願以藝祖貽謀爲法。」又奏：「孔子之道，見於日用動静之常，無非至理。獨孟子得之，如言『盡心』，如『四端』，如『孩提之童，無不知其親』，如『乍見孺子入井，皆有怵惕惻隱之心』之類，乃是發明在心之理。臣嘗有言，『在聖人則言事，在大賢則言理』。」上因論《孟子》傳授。公奏：「孟子師子思，子思師曾子，實接聖道正傳之統。曾子述《大學》，以傳之子思，子思又述所得于曾子，傳授心法，輯爲《中庸》，以授孟子。其言中者，天下之大本，誠者天之道，實發明理義之大原，其功爲最大。子思顧乃從祀，而不得與十哲於堂上，古今闕典也。夫十哲者，夫子因念從於陳、蔡者，凡十人。偶不在門耳，豈謂弟子之賢哲止此十人而已哉？」上稱善，曰：「前此所未聞。」又曰：「升子思而不及伯魚，恐未安。」公奏：「此道統所繫，非可以父子之私論。」上命公與李𡌴議之。公退。以上旨語李公，李公以子思陪祀已定，請且以我朝諸儒先從享。至嘉熙，鑾輅臨幸三學，有詔黜安石，而祀五先生，始如公初所論云。公每講退，竊謂聖上異禀冠倫，超然欲繼千載不傳之學。然而致用成務之要，則在乎絶柔牽之係，奮剛明之果，以斷天下之疑，以定天下之業。乃奏：「大易闡明天道性命之奥，而體之以人事。陛下誠於是而留神焉，以此洗心，以此崇德，則剛健天行之運，神武不殺之威，感而遂通，不疾而速，而四海萬民一歸鼓舞之中矣。臣竊見程頤

《易傳》，通微探賾，殆無餘藴。然於陽進陰退，陽生陰變，與夫五行交錯、象數生成之旨，有未及焉。臣嘗間爲之説，名曰《讀易記》。又先儒所以發揚天地萬物之妙藴，實在《繫辭》，而訓傳闕焉。臣嘗摘釋數條，及畫爲三圖，即一陰一陽之理而演伸之。區區懷忠欲進而未敢。」上嘉納，論公可即以進。公退，以平時讀書觀物述見雜説併上。它日講畢，上謂：「《易記》甚好，常寘几間觀閲。」公奏：「臣子愛君之忠不能自已，願大觀在上，觀天設教，以化天下。所謂體仁長人，對時育物，聰明神武，而不殺者，此也。」上曰：「神武不殺之義云何？」公曰：「欲一天下，惟不嗜殺人者能之。神武乃不殺，而自有威武之謂。即《乾》之健，《夬》之决，《中庸》達德之勇也。惟明惟武，然後能達此心不殺之仁。」上再三稱善。公在泰常，祗事率先，如官具不共，器存不設，酌奠拜跪之乖違，位置席陳之舛闕，必隨事提飭。謂：「朔祀太廟，卿奉酌獻，闕則少攝焉，禮也。邇來卿少憚於跪拜，乃攝光禄，非所以重遺命，崇追孝。」公必躬任酌獻，仍白於朝，以爲永式。又謂：「每大祀前十日，受誓戒於尚書省，而讀誓乃初獻官也。夫獻官當受誓者，而自讀誓，可乎？乞遵元豐舊制，凡大祀，必以吏部尚書讀誓，刑書涖之。庶使事嚴責專，與周官郊特牲禮意合。」十一月，兼權國子祭酒。越旬，兼國史院編修官、實録院檢討官。命下，兩學諸生莫不斂肅風動。有齋生謁告，而死於客舍，其本齋若不聞焉。公詰責長諭，爲給斂槥費，而俾護其事。茂陵復土一周星矣，而配侑未定。公言：「慶元宰相趙忠定公汝愚，當國步危疑之際，獨定與子之大義。權奸當國，誣詆沮抑，而精忠亮節，久益昭白。宜配享寧宗廟廷，以慰在天之靈，以昭宗功之祀。」上卒如公議。一日講次，上問及韃使事。公奏：「所謂韃使者，即王檝也。其自言有姊妹，備數韃之後宫。襄帥史嵩之欲藉以結好。如其言，則堂堂中國，屈己講好，主於其宫妾。於國體所係甚大。願詔大臣，謹其始而亟絶之。」既而堂帖下泰常，以蒙古使人入朝，差知典禮人祗應。公復奏：「檝與鄒申之、劉普等衷謀而來，非韃使，無國書，自當絶之於境。今既縱之來矣，宜館之於外，諭以聖上尚此服衰，未可以嘉服臨見。如晉叔向辭鄭故事。」上曰：「此後自有正使來。」公奏：「侍郎度正亦陳不見小使故事。」上令與丞相議。公退，白政事堂，丞相答以臨期區處。公繼以書申言之。丞相復書曰：「豈不欲順從正大之論，而自貽失體之羞。政恐機事一失，後不可悔。」難狗好高之言，以速立至之禍。」又進劄子謂：「絶韃和則起邊釁。」上付經筵所議，講讀官以丞相論是。公力言不可，迄不與奏。丞相復奏：「徐某於疆場事宜未必詳究，然議論有依據。豈不欲贊陛下俞其請？第於今日我之事體，彼之事情，不容不隨宜區處。竊恐徐某以爲言不見聽。願聖意詳諭，以廣容納之益。」上封示吏部尚書陳卓、翰林學士真德秀、禮部尚書李𡌴宣諭。公且謝且奏：「使以奉書爲信，今無國書，檝之姦詐審矣。至如其介衷甲而不拜，以婦人與三節人，數挾正使例册，邀索禮物之類。朝廷略不加察，所以寵之之禮，反不翅正使。前失已不可追。朝辭日宜降旨宣諭，令大臣津遣。大臣唯恐絶韃使則速邊禍，不知韃未嘗有使，而我甘受一介狂生之誑。虜酋聞之，豈不大有以窺我乎？假使果韃所遣，則彼遣傲使，故不致書，正觀我所以處之者如何耳。處得其道，則彼猶未敢以無人視我。否則，慢侮侵凌，方自此始。矧今將朱〔一〕名曰〔二〕，搜拔憸誕，又復踵進，容悦固寵，而以之爲忠，殘忍邀功，而以之爲勇。是陛下之心猶未正也。心苟不正，人何由而能知？人苟不知，貪風何由而可革？貪風未殄，則天下之官無崇卑無貴賤皆墨矣，海内蒼生又何由而得安？是則邦本動摇，而天下悖亂之心有不可遏矣。

〔一〕「朱」，原作「來」，據明正德本改。
〔二〕「曰」，疑當作「白」。

不知慄慄危懼，以培擁基本爲務，顧乃輕出關洛之師，以徇貪功嗜利者之欲。邊隙既開，則又汲汲焉覬和於邈焉萬里之夷。致使出没邊境棲棲無賴之一介，亦得以干犯我天庭。宜乎天變屢形，所以警陛下者至深且切也。臣伏覩御筆，以星失度，雷非時，物寢□，天基誕節，紫宸上壽之禮前一夕，雨雪積盛，詰旦，霾翳澄豁，天間日明，抑見陛下省躬動天之至誠，其昭答捷應蓋如此。陛下當此之際，自視此心爲何如？苟上令中使宣旨，毋再三。」時武學生李文龍匿父喪，占季論舍。公蹙然曰：「人道絶矣！奚學爲？」乃集議公堂，斥之。學諭力起爲抗辨。公曰：「學諭乃助其惡邪？」竟奏其事，上爲徙起所居官。公又言：「臣於屬寮中參訂典禮，敷暢經旨，得二人焉。曰太常寺主簿吴昌裔、國子録王萬，乞加擢用。」上皆欣納。初講次，上問考亭門人，公奏：「上饒陳文蔚，臣嘗令諸子師事之。知之尤審。先師朱熹與臣書亦云：『其人有立作，看道理極子細。』」上曰：「聞其曾著《書傳》。」公奏：「文蔚亦嘗以數篇示臣，相與參訂。其解釋坦明易見。陛下倘命守臣給筆札，具録來上，而於是經玩繹焉，則帝王傳心建極之要道，盡在是矣。」至是，特補文蔚初品官，俾上所著《書傳》。公又奏：「臣濫攝監長，目擊士風頹靡特盛。如文蔚者，若使專司講解，使士子知向理義之學，爲補不小。」上曰：「學官已有定員。」公奏：「或補博士、正録之闕，或循舊制增置直講，惟聖意。」時遣使至虜。公奏：「行人出疆，不審如何處分？」上曰：「且令探察虜中事情。」公奏：「既有國書，即是報謝正使。彼無書，而我致報書；彼非使，而我遣謝使，戎心桀驁，或却使不納，或受書不答，或因有難塞之請。噬臍何及？願奮特斷，追回使人，以全國體。」上色悔久之。時楊谷、楊石除太師，公奏：「帝師極品，必德盛勳崇，乃堪居之。非檢校比。若外戚，若宗室，若宦官，皆不當除贈。」上深然之。三月，御筆除權工部侍郎，兼職依舊。公方決志丐去，固辭不拜。章六上，予假一月。又再辭，上親諭知樞密院事喬行簡，謂：「朕更新政化之初，特召老成有德望之人，以重朝廷，以輔朕不逮。徐僑乃堅欲退去。朕屢留之不可，卿可以朕意諭之。」越兩日宣引，上撫勞再三，命坐賜茶。公力懇免新命。上又面諭毋牢辭。既退，三差中使宣旨：「今好日，宜即就職。」公退，陳病憊不堪任，乞改授外祠。六月，除集英殿修撰提舉佑神觀兼侍讀，兼同修國史實録院同修撰，仍奉朝請，賜紫金魚袋。公以領祠勸讀乃體貌重臣之殊禮，尤非資淺者所當拜。章三上。宣引緝熙殿中親諭：「朕已勉徇卿志，卿毋固辭，以辜朕意。」公再四懇奉〔一〕：「借殊眷而引高，竊異恩而叨佚，使臣强顔覥受，必是傳笑貽譏。臣不足道，懼辱聖朝。」上曰：「講讀皆以得人爲重，豈論資邪？」公體上意，乞且仍奉講職。上曰：「不妨兼講，斷不容卿辭。」公不得已，乃拜命。遂乞進讀程頤《易傳》，仍以《讀易記》附注程傳以讀。初，公密陳夾輔之端，謂必精選擇以重責任。至是，循次趲補，惟分事以日而已。公奏：「天下之患有大源，欲治天下之患，必得公天下之人與共之。邇者並相左右，所以轉移天下大勢，刷滌士大夫舊染，一大機會也。而未見其有快愜天下之望者，蓋自權姦倡貪，浸漬於四十年之久，非可以升斗之清，濯天下之纓也。一念慮之私動乎其中，曰：『吾有是位也，吾以是流澤於後也。』日引月長，而天下之爲人臣者，各私其私，而國爾忘家之義虧矣。夫高拱天庭，挹天河以永清四海。特在陛下爾。豈容一滓一沫間焉？顧乃遲徊而未發者，必思所以央楊一決，有以大慰天下之心。不然，脛腫之病侵，瓦解之勢成矣。」時三邊四帥，互鬭交隙，高郵叛卒，久稽授首。公奏：「乞妙簡英明公忠，不貪財，不嗜殺者，開督府以統之。

〔一〕「奉」，疑當作「奏」。

臣昨守和時，崔與之帥維揚，見其文移，精練軍事，且孤清澹約，老而益壯。使之出膺重寄，必能上寬憂顧。今既以參政召，若更致憂老之禮，以勉其來，外而施略，内而運籌，可以定危事，起頹俗。」又奏：「紹興初，趙鼎爲左相，張浚爲右相，並知樞密院事，都督諸路軍馬，置司行在。乞趣召與之，兼開督府，如張丞相故事。」公每對，申言不置。上深是公計。暨鄭丞相去國，上乃召相崔公。同列又陰忌之，方崔公有出意而予告之，旨且下矣。天下至今憾之。公又爲上言：「並相以來，或主乎專，或主乎隨，私相朋分，交訕角立，循例而求者兩造，緣故而請者偏聚。至若廷紳無間崇卑，傾廟論而唯阿，置警報於談笑，目回政事者多，風隨詔令者少。脱有危急，陛下將誰與任責乎？臣自初入朝，屢奏大患之源，陛下非不開納，而迄不垂察。竊謂上天仁愛之心，藝祖在天之靈，固未嘗忘眷顧于陛下，而陛下昭答之意每有所移奪。迨廷揚並相之翼日，流星晝見，未幾，火宿侵端門而迫微垣，此又特出警懼之象者也。陛下方恃小大臣工相遜以爲安，寧不深念太微座之不可淩薄也邪？今天下貪風未殄，懷才藴智者，恥于請托；要功射利者，巧於夤緣。苟不大有所轉移，廣有所蕩滌，舉天下皆若而人也，豈特三邊而已哉！日不正照，則群陰不滅；雷不大震，則萬物不興。臣又聞親札史嵩之，以待遇元勳，唯恐少恩，不容有以攟摭之。嵩之欺君辱國，儕盞目之爲投拜户。因時方諭大臣，以襄陽有勞，欲起之以帥，復令結好儕盞。臣謂決潰大患之源，實自此門而出。願毋牽私昵，以妨大計；毋惑私恩，以錮大患。」時以故相舊第，更爲榮邸，鼎建家廟於紹興。公奏：「習侈非能崇業，立儉乃可永世。又聞，内帑所儲，浩無程紀，而濫賜輕予，略弗顧惜。臣聞高宗、孝宗兩朝時，出内庫金帛，以助邊餉。寧考在位，一無支費。今每歲反有取於封樁於臨安府，以益内帑，殊失聖祖明宗付托之盛心。況當此阽危之際，若不躬厲〔一〕節儉，痛節土木之侈、賜予之濫，則將輕蹈漢唐之末禍，非所以鞏固宗社無疆之基。」初，公在奉常，凡不當得謚者，或擬字轉禱，或直從朝省定謚行下，率執議不行。由是，欲請者自沮。至是又慮此弊或因仍不革，廼歷考謚法顛末，乞自今凡賜謚，必博士議定，考功覆議，然後都堂集省官議定聞奏。或議有不合，在廷皆得以執議，使請托竊名者無所容其私，而所議不實，亦依選舉法論。上皆欣納。時變異頻仍，復奏：「天人相因之

〔一〕「厲」，原作「膺」，據明正德本改。

際，甚可畏也。願陛下内而清心，以檢飭一己，外而戢貪，以風厲百辟，庶乎天人之心可格。然天人之心奚求哉？特在陛下方寸間耳。邪不閉則誠不存，慾不窒則心不剛。此又立誠之道也。」初，公辭讀官甚力，上面諭不容辭。公下拜奏言疾苦不堪勉留狀。天顔惻然久之。尋許以三閲月而去。至是，復申前請益堅。上亦知公病甚，特除寶謨閣待制，與外祠。時十一月二十五日也。公謂不當復竊侍從職名以去，拜疏力辭。十二月，差提舉江州太平興國宫。越明年正月，始有旨引辭。上御便殿，再三撫勞。曰：「知卿疾，不欲强留公。」復述所已陳關於體要之大者，爲上歷言之。其言愈切，而所望于君父者愈至。其略曰：「今天下亂形危證，不可枚舉。然所以召危亂者，各有所本。置其本而齊其末，將以求治，適以滋亂。故臣初對，首陳帝王要道，以正心爲先，知人爲急，立治本也。次言朝廷綱紀，士大夫風俗之壞，由貪風一倡，壅成大患之源，必使一洗而新之，除亂本也。申言天下之民皆瘠，由天下之官皆墨。乞蠲權宜之歛，絶虐擾之苦，而重置貪污于法，固邦本也。所謂正心爲先者，陛下果能正之否乎？忠直外示容受，嬖媚又復悦從。賢才嘗乏，誰其舉之？財多偏聚，誰其理之？有民無不窮瘁，有兵無不愁苦，又誰其撫柔之？貪風之盛，已加於昔日，方當道長之泰，漸有包羞之否。甚可懼也。願陛下懼天變之警異，察人情之阿靡，特揚夬決，置巨貪於竄斥之地，以竦厲天下。精擇公正廉明之臣，各舉所職。則立治之本立，而韃之和不和不必計矣。」既而臨遣王檝，仍越彝制。越一年，史嵩之復召用，開督府。檝於是再至，脅我以戰。嵩之衛以重兵，處之境上，挾之以制朝權，而卒不得和之要領。人無賢愚，至是始服公識之卓而論之確也。初，公既以是忤丞相意，遂決求去。二年正月，歷述不宜出者三，宜去者五，辭甚懇至。上曰：「卿每論奏甚正，尚猷詢茲黃髮，其勉爲朕留。」又乞休致歸田里，疏凡十上。上諭：「斷不容卿去。」奏畢下殿，叩頭懇拜。〔一〕「存此心，常靜一而虛明。則動可制，衆可統，實可受，幾可決。又何遠夷强敵之足慮哉？然此心出入無時，苟無以操存之，則前日引咎〔二〕自懼，清明一心，或有一毫物欲間之，必將潛轉默移，趨昏入翳，亦不自覺矣。故臣每稱堯、舜、文王爲大聖，孔孟之學爲正傳，所謂正心之大原，實在於此。惟願陛下寡欲澄神，常令此心明而又明，常使此明德新而又新。以是臨照百官，正邪淑慝，瞭然在

〔一〕此下疑有闕文。
〔二〕「咎」，原作「却」，據明正德本改。

目，則陛下之職所疇諮者，莫不得其人。宰臣視儀承式，清忠一心，祇奉明德，其職所舉察者，亦將無不得其人。上下昭明，公議凜凜，正道坦坦，邪佞者退，貪虐者黜，懷私干進者伏，盜名喜功者斂。於是陛下端拱于上，朝而聽政，則閱官聯，諗民職，以考治省教；退御經帷，則酌道德，味理義，以存心養性；晝而訪問，則察風俗媺惡，究閭閻疾苦，以崇化廣惠；夕焉修令，則蠲蠹弊，行愛利，任廉正，以培基本，以肅綱維。其於暇隙也，披繹典謨，詠歌雅頌，聑銘無邪，玩圖無逸，以防弛怠于燕閑之頃，以消人欲于天理之中。然後探賾《易書》，研幾《繫辭》，使蕩蕩則天之大，陟降在帝，左右之神，融會一理。則盛德大業之光明，豈淺功近効之所能計哉！董仲舒言事在勉彊而已矣。此正臣所懷愚忠，切切于陛下者。倘察臣之愚，而不棄其言，則臣歸故山，死無憾矣。」上爲改容嘉納，命坐賜茶，意殊眷眷。內出金器香繒以賜。公辭。上曰：「姑致意爾，奚辭爲？」是日，則出關歸憩雲山。既而力辭次對。上數對大臣惜公之去，累詔不許。公又援先朝儒臣罷講官、辭待制舊比爲請，凡九上。嘉熙改元之四月，詔：「徐僑辭榮避寵，雅志莫回。有道之朝，所當遂其高風而厲其靖節。可依舊集英殿修撰，仍與去年明堂合奏，子京官恩澤。」初，公控免次對。

歷一年有半，不受祠俸，冀得請，即復告老。三辭與子京秩。又半載，比詔下如前章，而公屬疾已革矣。十一月丁巳，卒于正寢，享年七十有八。屬纊，静順如常時，夷然以終。易簀前四日，手書八言，曰：「嚴祭祀，重墳墓，續儒學，教子孫，立門户，肅内外，親益友，遠小人。」付子鉥等。晚不叙年勞，階止朝奉大夫，身後不上遺表，郡以訃聞于朝。有旨仍除寶謨閣待制致仕。鉥等以二年二月九日奉公柩，葬於其邑之智者鄉五雲山之原。及葬，大雨雪。發引之日，豁然開霽。甫至墓，雪作如初。及窆一日，又霽。已事，復雪。聞者無不嗟異。公娶胡氏，贈宜人，先公十五年卒。子男三人：長鉥，從事郎，改差監潭州南嶽廟；次鈞，迪功郎，陞紹興府上虞縣主簿；幼鏄，承奉郎，知寧國府寧國縣丞。孫男三，通孫，擬將仕郎，祐孫，振孫。孫女七：適從政郎、監三省樞密激賞庫馬世綸，進士陳開，從事郎、監饒州城下倉王琦，進士王濤，餘未行。公資稟剛明，節概勁特，貌嚴而氣和，色温而辭確。燕居獨處，如對神明。非澡櫛寢息，衣冠竟日儼然。或急猝夜興，不冠不出户，平居不内處，非疾不晝寢。女僕不出，男僕不入，内外嶄嶄，若無人聲。居室必周密，置物惡偏邪。衣雖素弊不棄，食雖疏淡必潔。事親先意承志，婉愉順適，唯恐不得於親者。

每進食旨，必伺意，舒悦乃安。愛謹膚體，雖爪髪不敢棄。親喪，哀毁幾殆，服衰表裹純布，醬酪不入口，垢面處陋者終三年。凡靈几寢室，櫛盥器玩，敬奉如生。一奠一饌，必身親之。邑人咸以孝稱，謂自顔氏子後纔一二見也。四時祭祀，豫戒内外小大專精祗事，陳設有式，酌酹有儀，備物必鮮，具饌必精。前期，必嚴齋肅之地；當祭，必致如在之誠。祠室敬奉尤謹，晨帥卑幼拜謁，然後序揖治家政。春秋展墓，風雨不易。周省塋域，整葺塚舍，無一闕。蓋不以世次遠近爲間也。親没，奉諸兄猶父，千里宦遊，相依爲適。晚歲，惟仲氏在，順事尤篤。平居飭躬以正，率子弟以禮節。家宴，尊幼不同席，長者坐，則卑者、少者環立以侍，肅如也。聞人一善，翼之揚之；有未善，規之誨之。事或不可苟徇，辭色嚴正，然必裁以義理，反復啟迪，使之去惡以從善。望公容色，聽公言教，則放心客氣，不復萌於胸中。雖小夫野人，事有歉於心，必曰：「提舉得無聞之乎？」州縣長吏，政有歉於心，必曰：「毅齋得無知之乎？」識與不識，莫不興起而愧改。凡修身齊家之則，風土習俗之弊，或隨事提警，或條列示訓。鄉黨遠近，人傳家揭以爲法。平生仕惟盡職，不求庇，不覓舉，有轉求脚色，狀欲具薦者，公曰：「薦在彼，若自呈其狀，則進以妄矣。」苟非公志，雖予不屑。俸給非禄令不受。凡册例及互饋，率謝却之。予祠，非公請不受禄。郡太守嘗載祠廩數十斛歸公，公悉以散之姻族。常言：「無所欲則剛，無所私則明。剛以達此心之仁，明以斷天下之疑。潔己以廉，而不能戢吏之貪，猶己貪也；心乎惠民，而不能摧奸以達惠，猶無惠也。」所至，以實心行實政，吏畏民懷，久而不忘。持節江右，雅以洗冤澤物爲身任。一時贓貪，至有聞風解官去者。晚復際遇，入司勸講，正色危言，無所回撓。上自人主，下至縉紳，無不敬憚。論學則曰在正心，論治則曰在知人，而以貪風爲當今大患之源，終始一説。至於回〔一〕友愛之真，以立綱常之本，則深有所不能已者。嗚呼！推公此心，而驗之行事，真可謂表裏洞徹，俯仰無慊者矣。初，端平收召公與西山真公，適皆至，宣引入對，先後纔一日耳。都民聳觀，無不喜。上嘗諭真公曰：「天下望卿相朕。」真公辭曰：「陛下自有宰相。」上問爲誰？真公對曰：「惟不愛陛下官爵者，可爲陛下相。」上亦悟其爲公也。真公此言雖有所指，實萬世卜相之標準。既而真公以《大學衍義》上，公以《讀易記》進，所以啟導輔

〔一〕「回」，原作「有」，據明正德本改。

翼，仰徯聖德之成者，其意實相須而甚切也。一時治象光明，駸駸乾淳之盛。久之，真公始參政事，病不及拜，公亦旋豩内祠。以天下有志之士，至今爲端平惜此一大機會也。公之學，自幼習聞伯仲氏從東萊先生講明爲己之學，已知趨向之正。長入太學，厲志求道，讀《易大傳》，至「一陰一陽之謂道，繼之者善，成之者性」之語，默有契於心，而知其爲萬世之原矣。後晦庵先生道過上饒，亟請學焉。論「人心惟危，道心惟微」，謂不可直以人心爲人欲，危爲已亡。先生首是之，謂勉齋黄公曰：「崇父明白剛直士也，講學已有意趣。」翌日，趙户曹入謁問學，先生語以上饒主簿，析理殊精，可從之遊。公自益博諸同志之所見聞，約以吾身之所踐履。講繹辨質，反覆不置。先生答書謂：「剖析四端明甚，就此宜更加涵養。」又曰：「日用工夫已得之，勿令間斷，不須別立標的。」以「毅」名齋，實先生命之也。中年居閑，養固積盛，於是昔之所造者，益以深遠。溯源詣極，而卒不離乎切近平實之地。心融理洽，每於應事觀物間得之。嘗謂：「天地生成之妙，不過陽進陰退之間，一理洞貫，萬變該攝。」歲晚，神全氣浩，動静語默，安詳自在。而所以自畏飭者尤嚴。自警有箴，自知有銘。以至杖首莫不銘焉。寢室銘以四言曰：「勿言勿動，不見不聞，維德之象，斯威所存。」其所以謹其暗室之獨，以全天地之中者，言愈約而功愈密矣。垂殁，自謂不以病蹙動吾心，而惟憂學力之不繼，蓋有所謂不知年數之不足者。每歎比年以來，晦庵先生之書滿天下，家藏人誦，不過割裂掇拾，以爲進取之資。求其專精篤實，能得其所以言者蓋鮮；間有稍知自拔者，則又牽合江西陸氏之説，而自謂之通儒，其害有不可勝言者。公蓋深憂之。平居閉關屏外事，獨於接引學徒，迄老不倦。必以所授師傳親切之訓曉之。規模正大，而梯級甚明；綱領提挈，而節目不遺。晚見學者繳繞於文義之間，於是指示命、性、心、中、誠、仁六字爲窮理之要，九思、九容爲主敬之本，使之即字即語，辨析名義，益充其類而貫通之；隨動隨静，存養省察，實反諸身而體踐之。且謂，理無窮，學又奚窮？工夫一有間斷，則非天命人心流行之本體。故於毋自欺，謹其獨之戒，尤懇懇焉。又歎爲人心大患者，莫名與利若也。嘗揭理義之悦我心、名利之害乎道兩語，以警學者。其所以明道原以淑後學者，大概如此。嗚呼！慶元僞學之論興，《論語》《中庸》《大學》《孟子》之書爲世大禁。至謂僞學之魁，以匹夫竊人主之威，以鼓動天下，上而宰相，下至布衣，亦坐是竄死，天地爲之晦冥者幾三十年。權奸既誅，先生孤忠先見始得暴白，而道猶未明。肆我皇上表章《四書》，以振起斯文。至於端平，公與度公正、葉公味道，皆以師門名第，勸講《緝熙》，於是上益尊信先生之學，以表倡天下；下亦咸知宗尚先生之學，以鼓舞聖化，三代之下所未見也。是雖大君大儒，以心印心，而其所以開啟聖衷，扶翼聖道，以丕闡我宋人文之盛，實自公與度、葉諸公發之。故特著於篇終，以詔來世。公所著書有《讀易記》三卷、《讀詩紀詠》一卷、《雜説》一卷、《文集》十卷。公棄諸孤，距今十有四載，治名勿求碑銘。大懼言論風旨，久浸不傳，哀愴哽咽，不忍書且不忍忘。門人相與追述次爲家傳，裨後之知德者有考，且以備異日太史氏採録云。

宋待制徐文清公家傳終

題宋待制徐文清公家傳後

右《宋待制徐文清公家傳》，嗣孫義官彰之所刊也。余忝職教事於公之鄉，敬取而讀之，其自修身正家以及於爲國，率以正心爲本，知人爲要。雖三代之佐，莫或過之。頃以權奸柄用，遂辭榮而歸，弗獲大行其道，使當時不復見三代之治。惜哉！嘗考史不悉載其事，而公之學術其見於格君心，崇正學，培治本，敬天保民，救災弭患，無以表見於後也。今是書一出，而公之微言至行所以師表後世者，將不由此而益彰哉？嗚呼！祖考有善而弗知，不明也；知而不傳，不仁也。觀彰能知祖考之善而傳之，所謂仁且知，其庶幾矣。謹拜手而題其後。

成化己丑夏孟上澣京闈鄉貢進士江浦郁珍書於義烏邑庠之講堂

徐僑列傳 從宋史中定本

徐僑，字崇甫，婺州義烏人。蚤從學於吕祖謙門人葉邽。淳熙十四年，舉進士。調上饒主簿，始登朱熹之門，熹稱其明白剛直，命以「毅」名齋。入爲秘書省正字、校書郎兼吴、益王府教授。直寶謨閣、江東提點刑獄，以迕丞相史彌遠，劾罷。寶慶初，葛洪、喬行簡代爲請祠，迄不受禄。紹定中，告老，得請。

端平初，與諸賢俱被召，遷秘書少監、太常少卿。趣入覲，手疏數千言，皆感憤剴切，上劘主闕，下逮群臣，分别黑白，無所回隱。帝數慰諭之，顧見其衣履垢敝，愀然謂曰：「卿可謂清貧。」僑對曰：「臣不貧，陛下乃貧耳。」帝曰：「朕何爲貧？」僑曰：「陛下國本未建，疆宇日蹙；權幸用事，將帥非材；旱蝗相仍，盜賊並起；經用無藝，帑藏空虚；民困於横斂，軍怨於掊克；群臣養交而天子孤立，國勢阽危而陛下不悟：臣不貧，陛下乃貧耳。」又言：「今女謁、閹宦相爲囊橐，誕爲二豎，以處國膏肓，而執政大臣又無和、緩之術，陛下此之不慮而耽樂是從，世有扁鵲，將望見而却走矣。」時貴妃閻氏方有寵，而内侍董宋臣表裏用事，故僑論及之。帝爲之感動改容，咨嗟太息。明日，手詔罷邊帥之尤無狀者，申儆群臣以朋黨爲之戒，命有司裁節中外浮費，而賜僑金帛甚厚。僑固辭不受。

侍講，開陳友愛大義，用是復皇子竑爵，請從祀周敦頤、程顥、程頤、張載、朱熹，以趙汝愚侑食寧宗，帝皆如其請。金使至，僑以無國書，宜館之於外，如叔向辭鄭故事，迕丞相意，力丐休致，帝諭留甚勤。遷工部侍郎，辭益堅，遂命以内祠侍讀，不得已就職。遇事盡言。以疾申前請，乃以寳謨閣待制奉祠。卒，謚文清。

僑嘗言：「比年熹之書滿天下，不過割裂掇拾，以爲進取之資，求其專精篤實，能得其所言者蓋鮮。」故其學一以真踐實履爲尚。奏對之言，剖析理欲，因致勸懲。弘益爲多。若其守官居家，清苦刻厲之操，人所難能也。

詩集

文清公詩集别録序

徐興

文所以載道，文不載道，則雖蠒絲牛毛，無補於世。文而足以載道，雖殘編斷簡，不可廢也。興先世文清公，號「毅齋」，嘗從東萊、晦庵兩先生相與倡道於婺。其所著作有《讀易記》《讀詩記詠》《文集》《雜説》等書，以之格君心，淑後學，羽翼吾道，有補於世教也尚矣。故黄文獻公爲公作傳，必重稱其著作，以其文之足以載道也。奈何世久人微，家無全册，僅有《雜説》數卷。成化丁酉，興受業於齊山允達王先生之門，復得先正忠文公所藏《毅齋文集》一十卷。幾欲鋟梓，以屢困場屋，夜雨燈窗之累，莫之暇及。弘治壬戌，不意遭回禄而前集煨燼，可勝惜哉！尚幸是録存於別館。雖其言發於即事即物之微，其著作大旨固不在是，然其詠歎淫佚〔一〕，適性情之正，得理趣之真，殆與《濂洛》玉淵金井、志慮高潔、托興吟風、沖然自得者同一胸次也。雖曰「別録」，其全書〔二〕即此可知矣。《傳》謂觀水於瀾，觀日月於容光之隙。其斯之謂歟？是用鋟梓，以爲四方求觀聖賢之道者之一助。其勿以「別録」視《別録》，而以全書視《別録》，以吾道視《別録》，可也。是爲序。

正德辛未十二月既望十一世孫興拜手書。

毅齋記

陳文蔚

吾友崇父君，受業於晦庵朱先生，稱其明白剛直，因以「毅」名其齋。一日，徵余記其所謂「毅」者。余維昔郕公之言毅也遠哉！謂仁以爲己任，毅以行之也。嘗試觀之，陟千里者，始於跬踵，必其存之定也，操之厚也，應之豫也。豈若適莽蒼者

〔一〕「佚」，原作「液」，據明正德本、宛委別藏本改。
〔二〕「其全書」，明正德本、宛委別藏本作「然公之所以爲全書者」。

耶？然則士之致遠也，甯無挾歟？蓋世有豪岸自喜者，似毅矣，而其以遠則踣焉；有持重不發者，誠毅矣，而其以行則泥焉。崇父君方聞博雅，人見其學也，而不知其蓄之固雄容碩大；人見其量也，而不知其持之嚴。蓄之也固，持之也嚴，是惟勿用，以用則遠；是惟無行，以行則達。豈不足以挾也乎？蓋古之學者，豐不可溢也，嗇不可沮也，勇兮若退，利兮若鈍，密兮若疏。茹黯決於不察之際，持分辨於爲同之中。是故以之用世，則行勿悖也，尤可寡也。而於其行之也，雖食息之近，猶年歲之遠也。斯所謂「毅」焉者非耶？崇父君以真積之學，能毅則弘可知矣。郕公之教，至是益驗。晦庵之命豈苟云乎哉！

上饒陳文蔚撰。

雲山歌

雲山窈兮風微，山徑繚兮雲依。蘭馨兮晨晞，松樛兮夕暉。有禽消搖其間兮不去，飛俛啄兮蕨薇。昂吟兮緑篘枝，春與鼯騰兮秋鶯與啼。希鸞鵠兮志亦幾，絶樊弋兮隨所棲。空碧臨臨兮山四圍，泉咽咽兮流以時。寧易地兮潁若箕，與世相忘兮幽人期。山雖高兮步坦夷，雲雖深兮光陸離。胸洞洞兮陶然以怡，祇天命兮安厥宜。

行行歌

行行兮何之，郊之疇兮山之徑。耕藝兮雨晴，樵牧兮昕暝。室廬兮其倫，老稚兮其性。負者蹇兮趨者勁，役而歌兮遊以詠。機杼兮國資，雞犬兮家政。草萋萋其青兮，木蔚蔚其盛。吭林鳴兮尾川泳，空雲騰兮月出嶺。威之霜兮風以冷，胡然而然兮，森森兮天之命，職我其間兮毋不敬。

常自在歌因讀白樂天無可奈何歌

常自在，常自在，莫受物觸隨變改。心常澄太虛，胸常涵滄海。志常明秋霜，氣常融春靄。常自在，常自在，莫或欺心旋遮蓋。此心常與天地通，日月神明環内外。萬物森森在吾下，我自小之自傷害。常自在，常自在，詩書樂處安精神，道義合時行身世。貧何足嗟，賤何足慨。富何足淫，貴何足泰。静惟飭身而無愧，動惟利心而盡愛。常自在，常自在，此外何求哉？有時詩一篇，有時酒一杯。庭花野竹〔一〕爲賓友，清風明月相追陪。陶吾真兮適吾性，常自在，常自在，何處有愁來？

〔一〕「竹」，原作「草」，明正德本該處漫漶，然詩末句下附一小「竹」字，顯爲注明此爲「竹」，作「竹」是。

次陳和仲惠雲山歌韻

幽人尋坦道，爲言柔履剛。所利在艱正，未取馬逐良。雲山坐深窈，無人蘭自芳。青青松與竹，障暑拒雪霜。人跡所罕到，亶爲煙雲鄉。老我志雕落，髮蒼而視茫。懷哉此丘壑，閑蹤寄徜徉。人事輒往復，世慮忘暄涼。書數種，琴一張。竹布充野服，笻杖替遊繮〔一〕。生來坦率得自遂，客至嘲誚庸何傷。非故逃名甘寂寂，政嫌助長病茫茫。君詩明澹起予意，留取伴我山中藏。

鶯兮歌

鶯兮鶯兮載好音，羽毛自珍兮藏山林，春出依柳兮秋隱林深。丘隅有木兮遊知所

〔一〕「繮」，原作「韁」，據宛委別藏本改。

止，睍睆求友兮期遠匪比。出處有度兮觀者爲儀，温乎其聲和兮聽者心夷。鶯兮鶯兮其禽乎，其禽之君子歟！

燕兮歌

燕兮燕兮，頡頏于飛。語呢喃兮聲哲支，居慕賢兮身緇衣。高明依棲兮王謝儕其主，去來有節兮春秋爲其旅。良時賡歌兮對爾吟哦，清燕論文兮聆爾話語。燕兮燕兮其禽乎，其禽之嘉賓歟！

樵夫行

晨征已輸行者早，紛來斂避樵夫道。樵夫辛苦刈樵歸，昏莫結束更起炊。夜半出門星月暗，崎嶇露草寒濡衣。入市博得升合糧，歸來分與妻兒嘗。依前剥剥上山去，不住朝朝莫莫忙。樵夫樵夫休懊惱，世路艱難勤亦好。蝗蟲四起米價高，憐汝飢勞我未飽。我苦閒愁雪滿顛，烹葵煮藜過年年。夜枕欹傾半眠醒，或起浩歎窺星天。逢人説事只憂國，長哀無告窮已極。天下奸弊紛如麻，虎狼搏〔一〕攫殫麋〔二〕䴥。愁眠忍餓不敢出，羸瘠膏髓堪推撾〔三〕。冤氣干天天垂災，連年禾稼同枯荄。斯人每恨不速死，樵夫縱苦未及此。安得人仁公且剛，一掃蟗螯完民瘡。感動和氣時覆斗，樵夫飽食我醉酒。待與樵夫齊高歌，昔談王道今如何？

丹溪吟

丹溪群山俱有情，顒昂環列如逢迎。東出雙秀高沖天，推先兩峰當我前。二水南〔四〕來炯〔五〕相顧，合流于西疑欲住。成此溪山一段清，中有一園十畝平。著我翛然數間

〔一〕「搏」，原作「摶」，據宛委别藏本改。
〔二〕「麋」，原作「麐」，據明正德本、宛委别藏本改。
〔三〕「撾」，原作「檛」，據明正德本、宛委别藏本改。
〔四〕「南」，原作「北」，據明正德本、宛委别藏本改。
〔五〕「炯」，原作「却」，據明正德本、宛委别藏本改。

屋，繞屋但栽竹與菊。扶杖行舒景物娱，開卷坐對聖賢讀。嗟余藐焉天地間，居然分得此清閑。毋餒浩然有以老，也應不負爾溪山。

和邵康節蒼蒼吟

穹窿莫計幾層蒼，繚遶難輸九曲腸。七曜運空機不斷，百川流下礙無妨。千林松柏獨堅正，一草薰蕕異臭香。祥戾毛群若麟獍，愛憎羽族類鴞凰。最宜春風與秋月，忽作冬雷或夏霜。萬變雜興雖錯揉，一元不動固安詳。

張家渡買魚

北堂老人性嗜魚，有魚一飯空無餘。行水登舟喜動色，幾月乃得三四食。溪涸舟膠挽不去，舍舟行行溪上路。路入茅舍惟一翁，網掛壁頭兒負舂。問之有底不出漁，水動魚藏溪作風。强之不能許觴醪，翁爲持網兒持篙。挾艇過臨叢藻岸，踏竹下網屢成漫。忽然得鯉僅如掌，翁笑官有福可仗。我舟猶在極目涯，乃坐其艇與之往。烹魚一開慈顔驪，膠舟旋亦辭涸灘。兩日舟移無十里，吁嗟有此行路難。漁翁飲酒得錢去，一葉如飛煙水暮。

送施持正司理解官

人生會合難，四海皆兄弟。解後若爲寮，爲情乃其至。嚴陵雖陋邦，山水固佳致。宦遊於其間，亦未爲失計。嗟嗟我輩人，志不在名利。所趨必蹈正，所論必根義。聖門有格言，胡不慥慥爾。險夷融一心，相與共守此。維君更直諒，多聞且知禮。責善有忠告，規失無因避。人或苦難合，我匪以爲具。始如石落落，終似旗旐旐。入議必追聯，出遊必踵軌。朝夕恃驪比，同襟能有幾？君今先我去，落莫將何委？政此黯銷魂，臨分不我鄙。絶無兒女悲，慨慷及治已。竊聞之先儒，物我均一理。達人弘大觀，曲士局偏倚。偏倚狹一隅，愛惡無公是。大觀歸衆善，寬平有餘地。理義固無窮，虚心知所止。感君謙自牧，使我愁翻喜。還以作贈言，相觀要終始。

喜得孫

我五十有四，纔今見其孫。汝父亦三十，得子爲之昆。人生百年間，欻如駒隙奔。其間欣與戚，短長未暇論。長長與幼幼，一家團春温。豈惟情愛足，是有禮義存。嗟我生苦晚，陟岵悲蚤吞。有懷當世憂，拙迂不自軒。老矣絶他念，先志惟所諼。詩書茂花實，忠厚豐本根。要令汝輩長，續續茂椿萱〔一〕。功名身外物，孝悌德之源。莫先家人正，所貴椒聊蕃。今朝情陪喜，添汝壯吾門。相與紹清白，無慚故丘園。

雙松亭

雙松如老虬，拜然俯於地。山下草細微，降從所非類。昂藏烈丈夫，肯與樵牧

〔一〕「茂椿萱」，明正德本、宛委别藏本作「熟予言」。

比。樛枝若欲頹，直幹固不倚。外柔内則剛，物耳寓此理。吾觀世俗流，隨人盡棄已。此松乃不然，自下弗爲恥。所立峭已高，其節凜不記。滿眼春風生，中有歲寒意。敢告行道人，視此知所止。

滕丞泊沖天觀先以詩來次韻謝之

我本山林人，出處無意固。君亦如山泉，隨地爲流注。方其居山時，文豹隱冥霧。又如出岫雲，散漫欻無據。憶昨我與君，相逢同一處。時時湖光亭，襟抱一披露。君橫膝上琴，我踵户外屨。梅花落園春，辭君一朝去。詩筒遽寥寥，粤從浙濡渡。雁去燕復來，不得一字附。撫懷興長嗟，恍然此散聚。何期老鶴臞，短翮忽舒布。九皋聳孤唳，群仙翕清譽。高寒玉峰巔，爲爾肯一駐。杭嚴兩西湖，未必置愛惡。瞥從子陵臺，來踏蘇公路。山友而水賓，風曉而煙暮。行止初何心，同是一真趣。願於人海中，更覓山中句。

同官三人率慶裘元量司直於湖中有詩呈諸公

欲晴未晴還不雨，無日無風又無暑。煙薄微籠四岸山，空翠却向湖中聚。今日之游誠佳哉，湖山文字中銜杯。相爲此約亦已久，天相其逢資追陪。吾儕官閑無一事，平生丘壑詎輕棄。相從於此合鍾情，無奈同襟欲分袂。西風著意向芙蓉，緑柳未疏花正濃。勸君慢理江頭楫，更作一日來從容。

永樂道中

夫物有奇觀，而於天地間。月中浮白水，雨後對青山。雲巘泉千尺，雪天梅一班。有時逢此景，清興頗相關。

即事

在家貧亦好，居官貧更宜。布被不妨温，菜羹有餘滋。客至草具杯，事閑遣興詩。外此了無撓，澹然心地夷。

初晴出南山過西湖往九峰復飲於湖光

積雨鬱愁思，初日破春泥。勝處欲何往，游情黐自迷。柳招追緑渡，梅引逐香蹊。却憶杜陵老，慇懃出碧雞。

青田舟中

睡起愁無緒，持書復懶披。篷嫌斜日照，襟愜好風吹。水闊舟移細，山長鳥去遲。悠悠天外意，惟只寸心知。

殿廬考試畢

地禁塵難到，亭深暑不奸。一杯天上把，千策日邊看。頻勞君恩重，危言士志殫。治安渾道未，臣亦欲披肝。

送真景元直院將漕江東

識度追諸老，文章用一班。志心深國計，正論豫時艱。將指顧憂地，登車慷慨間。却聞塗巷語，有詔命公還。

又

憂國誠如此，憂民事可知。政苛紛蠹螢，官墨厭膏脂。誰謂長城在，不扶元氣衰。天顔還咫尺，時聽遠猷馳。

送李夢開赴浙東倉

帝遣軺車重，深懷浙水東。幽崖須烈日，寒谷倚春風。惠達摧姦裏，功浮按職中。活人千百萬，歸報入宸宫。

送葉知道歸永嘉約其再爲歷陽來

心事相知久，交情一見真。静參師友正，細語弟兄親。索去銷魂惡，期來刮眼新。臨分不多語，重會莫過春。

看栽菊

我生隨所止，唯種竹與菊。菊靚而無華，竹清而不俗。淵明興悠然，子猷愛之酷。夫我乃兼之，佳趣於爾足。

即事

白墁蠲敗壁，墨燼沃塵楹。瓦闕删茅補，牆穿埏土平。竹栽簷外箇，花植盆中莖。次第成吾趣，婆娑樂此生。

書齋即事

塵世燈窗外，寒儒竹簡情。三盃慰岑寂，一榻寄孤清。夜永那能睡，天寒不肯明。起來重搔首，江海一鷗輕。

西軒臘梅

花開何太晚，賴爾張簷楹。春後幾多日，枝頭三四英。人嫌芳意懶，我愛澹標清。恰好來深夜，移牀對月明。

竹布道服

智創輕我節，工閑妙出機。疏風寧事扇，被體若無衣。頗與山翁稱，何嫌俗子譏。此君元我契，相與不相違。

即事

關吾朝夕事，月嶺與雲岑。坐册澹中味，行笻老者襟。酒隨深淺酌，詩任短長吟。時與七賢語，知音在素琴。

道中口占呈能之

闃然不見懷千慮，特地相過無一言。平日交情如水淡，暫時客裏似春温。酒隨深淺有餘味，事向細微無不論。漫道與君心莫逆，誰知樸直箇中存。

鑑湖

箇中巖壑久相徉，秋色無邊古興長。寒〔一〕盡鑑湖僅荷浦，靈遺禹廟尚梅梁。追尋遊舫空千載，物色先賢但一堂。征□倚風歸路晚，可堪晴月照淒涼。

得嚴陵推官

擬乞四明幕下客，忽得嚴陵闕兩年。造物故憐貧已甚，去家不費一篙船。世事低昂吾有分，人生出處亦關天。釣臺高士不可尚，贏得桐江在眼前。

〔一〕「寒」，原作「塞」，據宛委別藏本改。

和滕丞元秀韻

秋期載酒子雲居，春柳還驚緑映渠。幾欲出門阻風雨，半因居幕困文書。自違清隱三時久，空擬憂懷一日舒。想見湖邊嘗獨立，不禁鷗鷺問何如。

和吕巽伯韻

何事貪乘逆水船，此心長向白雲邊。琴書篷底一樽酒，花柳江頭三月天。逸興只將詩句遣，清襟那就俗塵牽。簿書不到班衣底，進學輸君屬壯年。

喻叔厚總幹寄詩甚富

從君把酒爐峰下，去踏黄塵三見秋。别後便教詩社冷，夢中尤憶草堂幽。忽承珠玉聯佳什，賸喜[一]亭池添勝遊。最想版輿頻御處，山花庭草總忘憂。

安溪

潮回盡處曉江清，百丈灘頭舟子情。饒我静觀黄卷罷，爲渠卧看白雲輕。炫蓬滉瀁龍虵影，喧枕蕭騷風雨聲。無限青山飽秋色，去來誰暇與將迎。

司户攝淳安丞同官送至西湖支使有詩因次韻

把酒湖亭一笑逢，沿湖猶擁緑叢叢。倒涵嵐影晴煙紫，回射城陰夕照紅。愁緒不關歌舞外，交情却在别離中。片帆我亦隨西下，小挹憑欄蔌蔌風。

〔一〕「賸喜」，原作「喜賸」，據明正德本、宛委别藏本改。

久不作詩立春以詩並酒送滕知丞

羨君蕭散脱塵羈，别後臨官自不卑。判斷湖山詩有按，追呼風月酒隨司。衙官宋玉供奔走，從事青州奉指麾。慚我真成今俗吏，固應期會絶文移。

因報謁過西湖

不見西湖兩鬢絲，湖光如舊不曾欺。畫橋各領遊船去，密港誰知漁艇移。緑柳行疏人步穩，翠荷叢淺鳥飛遲。清風汗漫知何許，小憩招提獨自移。

次韻謝滕丞惠詩

一從驅迫入通闤，望渺江湖夢遶山。日墮紅塵轉湮没，天教群玉與躋攀。莫孤文字澹中趣，要識人情奔處間。多謝故人相警發，驪珠特地出滄灣。

次韻能之賀除

初無家學贍三餘，濫被君恩有此除。非取金華能占對，但令東觀與觀書。汗顏莫稱英髦選，冷眼終輸山澤居。自昔與君憂世切，只今何策塞侵漁。

寄題趙仁父兩山堂

兩山對立着君三，山意無窮勿浪參。静底規摹隨處有，忙時事業箇中涵。移文肯爲輕離北，采菊何嘗索見南。會取孔門仁者意，等閑風月不虚談。

和杜叔高相約湖上韻

湖山朝市兩忘言，勝趣何須頻出門。要並雪巇尋酒伴，更從梅隱覓詩魂。風低雁踧數行影，烟障凫波幾疊痕。此意古來誰領得，可無同調與同論。

能之寄詩和其月夜泛舟韻以寓相思

別時來悟合并難，君向湖山去不還。好語欲酬嗟侶少〔一〕，空餐亡補媿官閑。身謀未肯忘箕潁〔二〕，世慮無嫌付觸蠻。幸有孤山陳跡在，倘來同踏石苔班。

韓退之藍田丞廳記所謂雁鶩者相承以爲吏每切不然往往人未之信偶讀吴子寬詩有雁鶩庭空之語因作此云

退之作文自天巧，讀者未免加人私。紙尾連銜行雁鶩，同僚翻作刻木期。句讀中

〔一〕「少」，原作「小」，據宛委别藏本改。
〔二〕「潁」，原作「穎」，據宛委别藏本改。

分旨趣短，一輩抱睨何多爲。自唐及今襲訛舛，文公有神應點嗤。

晨興耕庵

往來烏兔底匆忙，老去身心只自將。理櫛不勝渾種種，繙書未了苦茫茫。情知世俗風光淺，日覺山林氣味長。有負夙[一]心依屺岵，更將餘力事松篁。

毅齋即事

自吾齋外付諸兒，除却詩書總不知。苔色上侵閑坐處，鳥聲來和獨吟時。十分秋氣[二]重陽近，一味天涼老者宜。調得身心能自慊，止吾所止復何疑。

〔一〕「夙」，原作「風」，明正德本漶漫不清，據宛委別藏本改。
〔二〕「氣」，原作「色」，據明正德本、宛委別藏本改。

重陽後二日

我來不及赴重陽，孤負清幽獨自芳。夾徑也能隨意白，出牆無奈着情黄。亟邀舊友將余玩，細酌新醪對汝嘗。懸知靖節無人見，却見南山此意長。

讀藝文志

所存諸子少知名，自古陳編浩莫程。未説合神老成子，誰傳談易杜田生。到頭法語那能廢，終久浮言自不行。只向孔門詳答問，正塗坦坦甚分明。

詠拳石菖蒲

巖泉潠洒著根纖，拳石相依自糾纏。土葉漸除青帶冗，細莖初發緑毛鮮。一塵不許溷幽雅，百草誰能並潔娟。日課蒼頭注新汲，要移林壑在庭前。

五雲寺

黄雲不似五雲深，隱隱回環坐此林。巒阜幾重遮入路，隴岡百里護來岑。單僧憐汝喧魚板，漫叟便余玩鶴琴。茶罷策筇無箇事，登高時復一長吟。

後坡

扶筇剥啄一山中，幽興偏於此處濃。前屏樹柯呈列岫，旁開林隙出奇峰。座迎夜月分吾石，欄度朝雲對汝松。俗客不來人籟寂，省心時聽數聲鐘。以八年石爲座，以一曲松當欄。

宿野墅五更窗月照瓶中老梅清甚有感

桃李紛紛一徑花，風清月白老生涯。取之無盡山林藏，求而有餘農圃家。游是理中無愧歉，樂吾心處是榮華。較他絃管淒涼地，巵酒杯羹總自奢。

近陳和仲訪山間不值留詩今次韻招之

寄跡雲山澹澹心，舊盟得得荷君尋。偶緣他客追遊屐，却使良朋誤盍簪。〔一〕

和章父兄春歸韻

元化渾淪迹已希，不緣風雨翳明輝。静中會得生生意，滿眼春光未始歸。

〔一〕底本其後闕，明正德本、宛委别藏本其後僅有「政苦寒飈妨剥」六字。

倚門

碧松窩裏著吾身，風在襟裾月在門。燈火未殘絃誦習，一團清興許誰論。

酒後

酒正醺人若不禁，詩來撩我可無吟。輕紈不動清風在，況有松聲醒醉心。

有感

擎拳伺色紫朱前，極愛殫憂衽席邊。能合此心移膝下，未慚舜聖與參賢。

夏日即事

桃藤下上蟻行暑，竹影浮沉龜蔭涼。步〔一〕緩幽塘成小立，清風微度藕花香。

題六和塔

慈恩昔日寄題名，此作江頭長短亭。潮去潮來知幾恨，酣歌漁父許誰聽。

歸自壽昌

舟子長歌下急灘，江風吹我怯衣單。一輪明月爲誰好，無限清光照夜寒。

〔一〕「步」，原作「少」，據明正德本、宛委别藏本改。

過吴江

北風獵獵送吾船，夜過吴江炯不眠。月色微明天覆水，倚看銀浪欲無邊。

西湖

群巒回照縠瀰漫，坐攬湖光風不寒。最惜傍欄鳧鷺伴，往來不作眼生看。

立春以詩並酒送滕知丞

草殘木盡又春來，辜負梅花與酒杯。政要詩翁裁〔一〕好句，爲從今日洗塵埃。

〔一〕「裁」，原作「栽」，據明正德本、宛委别藏本改。

和吴子開訪省中韻

自公不退準爲常，永晝深簾坐此堂。今日與君添轉語，共參雲石與風篁。

晚步

夕無下照澹雲亭，暝入前除獨自行。棲樹喧沉砌吟迴，雨留微潤作秋清。

詠漁父

占得江湖汗漫天，了無鄉縣掛民編。賣魚買酒醉日日，長是太平無事年。
只把絲綸當酒金，世間萬事不關心。月移篷影醒未醒，人在蘆花深更深。

晚望

陂沼盈盈閑綠水，郊原浩浩湧青禾。煙連山際無人語，只有晚歸樵牧歌。

竹間納涼

拙哉百事不如人，天畀清閑適我真。好是山深林密處，且還康濟此天民。

趙昌父詩來舉似慈湖話頭次韻答之

身在五雲雲自閑，相娛石友與蒼官。山林老去方知味，加我五年當挂冠。

删後坡繁枝出四山剡溪陳正仲作詩有白雲移向青林外讓與幽人不敢争之句因次其韻

爲嫌遠目礙雙明，只許蒼松一幹横。盡對群巒坐高爽，月來分席不渠争。

約喻叔厚總幹會於香山

鄉居唯我與君閑，相見俱緣一出慳。此去君家無十里，杖藜明日會香山。

對雷峰

雷峰頂上兩三松，挺秀扶疎印碧空。坐石倚笻看不足，此心游泊太虚中。

雲入牕牖

白雲入户牖，幽趣頗相關。俗遠人無累，心夷物自閑。

懶書問

避鬧深違俗，耽閑懶作書。故人無誚我，丘壑政關渠。

欲雨雪而晴

雲凍雨無脚，寒凝霜有毛。却能開霽色，愛日炫初晴。

題杜仲高松杉檜圖

老幹矗無容，虬枝蔚相倚。圖以歸草堂，怡怡有深旨。

和徐敬伯知縣别喻伯經韻

深院楊花閑暇，小亭林影清微。忙裏不知客去，病中無奈春歸。

竹門

竹門爲何設，護此自在身。而不有知者，謂隔一切人。門有閉與開，人有疎與親。閉以謝俗客，開以納嘉賓。或方計財利，我方甘窶貧。或方圖宦達，我方理隱淪。豈惟乖趨向，誠亦困糾紛。若夫道義交，開益所願聞。清幽能共適，淡薄能相因。與夫學問徒，講説敢辭勤。義理滋我悦，詩書陶我真。俱不設餚酌，且無昏精神。然當時省己，勿或浪尤人。古人重晚節，氣衰當志新。古人貴老成，齒頹資德尊。初心苟無負，斯不愧斯門。

偶書二絶

有源一本流無窮，有物萬殊生不同。自從太極兩儀後，往古來今感應中。

日月東西遞往還，四時遷易不曾閑。要知天地生成妙，只在陰陽進退間。

訓學

不講其憂，説在時習。自謂不厭，猶恐其失。十五始志，逮矩不踰。十室忠信，好不我如。我非生知，敏以求之。發憤忘食，老至不知。終夜不寐，以思無益。於我何有，要在默識。易加數年，無大過焉。女何不爲？可興者詩。君子就道，無求安飽。篤信守善，隨道隱見。三年不易，匪志於穀。寡尤寡悔，奚俟干禄。六蔽有言，務去是力。好仁好信，終墮愚賊。入孝出弟，文乃其餘。賊人之子，惡置讀書。不思則罔，不重奚固。愛人以道，爲己乃古。子以四教，多識一貫。謀道不憂，約禮勿畔。毋怠而寢，莫有所悔。毋説而畫，自安於退。遷怒貳過，不萌於微。未聞好者，有焉其誰。博無成名，曷從庶幾。進而不止，惟顔是希。

訓言

巧則鮮仁，知難宜訒。恥於過行，惟訥欲敏。有德必有，就道必謹。聖人示教，曾無爾隱。賜不受命，憶惟善辭。野哉由也，誨女知之。信始觀今，於予何誅。舍欲爲辭，求非我徒。詩書執禮，先行後從。性與天道，樂在其中。審於荅問，與點是偃。考之德行，騫中雍然。默而識之，予欲無言。時行物生，何哉在天。斯道之傳，得之寡矣。回也如愚，參乎曰唯。

訓行

爲體不敬，吾何以觀。人而無信，又烏可焉。見賓承祭，每事必然。車無輗軏，寸步難前。犬馬能養，孝何以別。兵食可去，民無不立。親諫不違，謹有餘力。國以是道，君事後食。兼是二者，言行無愧。豈但州里，蠻貊行矣。立參於前，輿倚於衡。隨所見焉，則著則明。爲人大方，循道履坦。君子君子，一言曰誠。

訓仁

好無以尚，安與利異。仁遠乎哉，我欲斯至。終食無違，造次於是。立人達人，欲不徇己。能好能惡，占其爲矣。一日用力，未見不足。加我加人，誰能無欲。巧言令色，有之則鮮。剛毅木訥，近之則漸。小人未有，君子不憂。勇則可必，生平弗求。苟志無惡，觀過可知。先難後獲，能行事爲。靜而樂山，無加其身。動而出門，如見大賓。己所不欲，於人勿施。其在邦家，夫誰怨之。恭敬而忠，行此三者。雖之夷狄，不可棄也。博施濟衆，堯舜猶病。吾則豈敢，若是與聖。子所罕言，謂不可傳。克己之偏，復禮之全。視聽言動，罔或有愆。由人乎哉，天下歸焉。三月不違，心存者天。其庶幾乎，亞聖大賢。

補遺

虎丘謁和靖祠[一]

涵養當用敬，進學在致知。如車去隻輪，跬步不可移。夫子受師説，惟敬實所持。升堂逮易簀，參倚日在兹。遺言落人間，考論極研幾。是心要收斂，中不容毫釐。大學著明法，格物及階梯。放心苟不收，窮格將安施。古人貴爲己，末俗多外馳。豈無實踐者，兹焉當反思。晚生拜遺像，斂衽跪陳詞。願言服予膺，没齒以爲期。

〔一〕輯自元金履祥編《濂洛風雅》卷三，《金華叢書》。

遊石洞〔一〕

我來叩石洞，嶄絶何從登。天開一間路，崖列兩連屏。有水泠泠來，委蛇貫中行。五丁修磴道，引步若余迎。昏暮坐危閣，蕭颼風雨聲。不知身何許，似有通山靈。晨興窮所歷，石轉泉愈清。絶頂一帶垂，方諸函明泓。想當春夏交，雪練輸浮輕。欲去重倚徙，拳石提蒲生。歸與置窗几，聊以誌余情。

〔一〕輯自明郭鈇輯《石洞貽芳集》卷一，《金華叢書》。

附録一　傳記　事迹

祕書少監徐僑除太常少卿制〔一〕

洪咨夔

勑：具官某，禮者，天地之序；樂者，天地之和，夷夔不兼命也。而簞瓢陋巷之士，夫子遽以四代禮樂付之。何哉？爾好古學，行古道。「瞻彼淇澳」，其容比於禮；「考槃在澗」，其節比於樂。朕方網羅衆俊，聚之本朝，老成典刑，思見如渴。擢貳蓬省，翔而未集，又舉奉常亞卿以進之。時行則行，幡然一來，講明王道於玉帛鐘鼓之外，以善人心，視獨善有間矣，毋使朕有齊、魯二生之歎。可。

〔一〕輯自洪咨夔《平齋集》卷十七，《景印文淵閣四庫全書》。

權工部侍郎徐僑除集英殿修撰提舉佑神觀兼侍讀制〔一〕

洪咨夔

勑：勞侍從之事，願去承明；考仁聖之風，勉留廣厦。雖優老之盛典，實從儒之盛心。具官某，志操孤高，問學淳古。詠歸沂水之上，世果何求；作興北海之濵，時然後出。有嘉耆艾，置在清華。守益固而眷益隆，進愈峻而辭愈力。兹領祠於闕下，仍勸讀於禁中，以體貌大臣之舊規，爲尊寵高年之特禮。更陛論譔，不替纂修。《行葦》之養老乞言，亦孔厚矣；《大學》之致知格物，尚茂明之。可。

徐僑授工部侍郎依舊兼國子祭酒兼侍講制〔二〕

吴　泳

勑：御事罔耆壽俊，何以造周；朝臣無骨鯁儒，莫能興漢。朕永惟治統之缺，每

〔一〕輯自洪咨夔《平齋集》卷二十，《景印文淵閣四庫全書》。
〔二〕輯自吴泳《鶴林集》卷七，《景印文淵閣四庫全書》。

嘆人才之難。今得耆英，宜寘近列。具官某，端信而誠慤，直清而澹夷。在野則布衣躬耕，在朝則端冕敬色。學如可樂，弗違顔子之仁；道或未行，不易下惠之介。剴切曲臺之議，從容勸講之箴。朕雖苑囿服御無所增，奇技淫巧無所作，實憑宿望，以重版曹。職簡事清，無妨執藝以諫；道尊德貴，豈以飭材爲工？若曰歸哉，非所望也。可。

徐僑授兼侍講制〔一〕

吴泳

勑：具官某，古我先民，尊尚《論語》。抉聖人之精意大義，安國所以被遇於仁宗；繹孔子之善行嘉言，尹焞所以受知於高廟。皆以是書之藴，敷於勸講之筵。具有前彛，何拘近比？爾經粹行古，年耆德明。疏飯曲肱，不改山林之趣；玄端章甫，能爲宗廟之容。朕方舉賢而遠不仁，脩己以安百姓。悼大道之湮鬱，必耆儒之發揮。如卿篤誠，斯可感悟。《魯論》二十，既陞六藝之科；《曲禮》三千，徐訂諸儒之議。

〔一〕輯自吴泳《鶴林集》卷七，《景印文淵閣四庫全書》。

庶講論唐虞之地，如從容洙泗之間。不徒空言，同底實治。可。

賜謚勅命〔一〕

勅：中書門下省，尚書省送到吏部狀，准批下太常寺狀，准省禮部交本寺狀，抗等待罪奉常，稽諸搢紳之論，僉謂故朝奉大夫集英殿修撰提舉佑神觀兼侍讀寶謨閣待制致仕徐僑，資稟清勁，氣節委特，十遜侍卿，九辭次對，垂没，固辭郊恩，皆得請而後已。本寺所合照近降指揮檢舉申陳，欲望公朝特賜敷奏，照近來黄榦、李燔、劉宰例，下本寺爲徐僑議謚。其於風化，實非小補。

謚議〔二〕

竊謂宋文公朱子發揮聖傳，開闡後學，辨析於毫分之異，究極於底藴之微者，凡

〔一〕輯自吴師道《敬鄉録》卷十四，《叢書集成續編》，臺灣新文豐出版公司印行，第二五七册。
〔二〕輯自吴師道《敬鄉録》卷十四，《叢書集成續編》，臺灣新文豐出版公司印行，第二五七册。

以使人精體實踐，由此身而達之閨門鄉黨，推之於天下國家，而非徒口耳誦習之謂也。善乎！侍讀徐公僑之言曰：「比年以來，晦庵先生之書滿天下，家藏人誦，不過割裂掇拾，以爲進取之資。求其專精篤實，能得其所以言者蓋鮮。」嗚呼！若徐公者，可謂得其所以言者歟！公主上饒簿時，請學於朱先生之門。首言不可直以人心爲人欲，即爲先生首肯。謂勉齋黄公曰：「崇父明白剛直士也，講學已有意趣。」又謂趙户曹曰：「主簿析理殊精，可從之遊。」又嘗答書曰：「日用工夫已得之，勿令間斷。」且命以「毅」名齋。自是，所造益深，所養益固。今觀門人相與次公家傳謂「規模正大，而梯級甚明；綱領提挈，而節目不遺。」則公之學可見矣。今考公平生踐履次第，燕居獨處，如對神明者，公之修身也；承志婉愉、居喪哀毁者，公之事親也；男女以正、長幼有序者，公之居家也。小夫野人，事有慊於心，必曰：「提舉得無聞之乎？」州縣長吏，政有慊於心，必曰：「毅齋得無知之乎？」則公之居鄉也。又以涖官立朝觀之，自初仕不肯輕受部刺史薦爲郡幕，以詳刑使者待以敵己禮。提舉江東常平茶鹽上便民事，極言貪吏債帥，而願明詔大臣，以正己之道正人，憂家之慮憂國。此嘉定十二年也。時宰怒，嗾言者罷公。越六年，從臣有自爲公請祠者，始主管華州雲臺觀，公迄不受禄。紹定二年，遂告老。再謝，乃得請。環堵之室，怡然樂道。蓋已忘情軒冕矣。一旦上親政，碩儒宿望，弓旌四出。遂詔公復起致仕提點江東刑獄。未幾，除秘書少監。又未幾，除太常少卿。且諭旨趣覲。公首奏以正心爲本，知人爲急。謂舉天下之民皆瘠，由天下之官皆墨也。凡數千言，上爲竦聽。在講帷，以經傳所載友愛之言反覆開導，上用是復濟邸王爵。請廢王安石從祀，而祠周、程、張、朱五先生，欲以忠定趙公侑食茂陵，上皆如其請。每與上從容講濂洛之學，剖析理欲，因致勸懲，且著《讀易記》以進，上褒嘉再三，常置御几間。斯可謂君臣之盛矣。會金使至，公以無國書，恐失大體，宜館之於外，如晉叔向辭鄭故事。忤丞相意，遂力乞休致。章十上，上諭留甚勤。未幾，除工部侍郎，丐去益力，章六上，遂命以内祠侍讀。公懇辭不已，宣命親諭，乃勉就職。如論並相各私其私，如乞召崔公與之開督府，如保全故相相臣子，復起議和之師，創建邸第家廟，皆隨事捄正。頃之，以病申前請，辭益苦。上意惻然，始以寶謨閣待制奉外祠。公猶力辭次對，恩終於不受而止。嗚呼！士大夫厚貌深情，苟以欺世取名者，方其平居，猶可强自矯飾，名利在前，小可慕悦，則起而奪之矣。公凜然一節，自守弗渝，遜寵辭榮，萬乘不能强而留。海内識與不識，聞公之風，皆心誠服之。非精體實踐，卓然不負其師之學，疇能然哉？按謚法，道德博問曰「文」，臨官潔正曰「清」。公講明正學，卓爲宗師，可不謂「文」乎？操持大節，不愛好官，可不謂「清」乎？請以「文清」爲謚。謹議。

《義烏宋先達小傳》徐僑傳

王禕

徐僑字崇甫。淳熙十四年進士，調主簿上饒，始受業考亭朱子之門。歷紹興、南康司法，皆以憂去。開禧講和，議函大臣之首。僑上書，言非所以立國，時多其能盡言。嘉定七年，由嚴州推官考滿，差主管刑工部架閣文字，除國子録。召試館職，除祕書正字，遷校書郎。

請外知和州，徙知安慶府。十一年，除提舉江南東路常平茶鹽事。上書極言朝廷時政，請詔大臣以正己之道正人，憂家之慮憂國。庶幾致安於已危，迓治於將亂。丞相史彌遠怒，令言者劾罷之。久之，理宗即位。禮部侍郎真德秀奏亮直敢言如徐僑者，願寘之言地。而彌遠猶在相位，不報。葛參政洪、喬丞相行簡時在侍從，代爲請祠。迄不受祿，遂引年告老。紹定六年，朝廷更化，收用老成。落致仕，除直寶謨閣、江東提刑，尋除祕書少監，改太常少卿，屢辭。逾年始造朝入見，論奏數千言。大略謂君心正則朝廷正，以至百官萬民莫敢不正矣。

除兼侍講，尋兼權國子祭酒。勸講之際，數開陳友愛大義，遂復皇子竑爵。且建言子思宜配享孔子，二程子宜列從祀，王安石宜廢勿祀，趙汝愚宜配享寧宗，後皆施行。以論王檝奉使狀，與時宰論不合，力求去。除工部侍郎，求去益切。陞集英殿修撰提舉佑神觀兼侍讀。僑奏「領祠、勸讀，乃體貌重臣之殊禮」，力辭不敢當。遂以寶謨閣待制提舉太平興國宫。既歸，援舊比上疏，請辭待制。乃復除集英殿修撰，與其子京官，固辭。命下，如所請，而疾以革，卒年七十有八。訃聞，仍除寶謨閣待制致仕。謚曰「文清」。初，僑之兄侃、倬，皆學於東萊吕成公。而僑師事朱子。朱子每語人曰：「崇甫明白剛直士也。」因俾以「毅」名齋。朱子之學詘於慶元，及伸於端平，僑與度正、葉味道實發之。其在人君前論學，則曰「在正心」，論治則曰「在知人」。其教學者，以命、性、心、中、誠、仁爲窮理之要，「九思」「九容」爲主敬之本。平日奉身苦約，人不堪其貧。嘗入對，衣敝甚。上問曰：「卿何貧甚耶？」對曰：「臣不貧，陛下乃貧耳。陛下國本未建，疆宇日蹙，權倖用事，將帥非材，旱蝗相仍，盜賊並起，經用無藝，帑藏空虚，民困於横斂，軍怨於掊克。群臣養交而天子孤立，國勢阽危而陛下不悟。臣不貧，陛下乃貧耳。」理宗爲改容優納焉。其所著，有《讀易記》三卷、《讀詩記詠》一卷、《雜説》一卷、文集若干卷。門人曰朱元龍，康植。

《金華賢達傳》徐僑傳

鄭柏

徐僑，字崇甫。義烏人。從學於吕祖謙門人葉邽。淳熙十四年進士。調上饒主簿，始登朱熹之門，熹稱其明白剛直，命以「毅」名齋。入爲祕書省正字、校書郎兼吴、益王府教授，直寶謨閣江東提點刑獄。以迕丞相史彌遠，劾罷。寶慶初，葛洪、喬行簡代爲請祠，迄不受禄。紹定初告老得請。端平初，與諸賢俱被召。遷祕書少監，太常少卿。趨入覲，手疏數千言，皆感憤剴切，帝慰諭之。顧見其衣履垢敝，愀然謂曰：「卿可謂清貧！」僑對曰：「臣不貧，陛下乃貧耳。」帝曰：「朕何爲貧？」僑曰：「陛下國本未建，疆宇日蹙，權倖用事，將帥非材，旱蝗相仍，盜賊並起，經用無藝，帑藏空虛，民困於橫斂，軍怨於掊克。群臣養交而天子孤立，國勢阽危而陛下不悟。臣不貧，陛下乃貧耳。」又言：「女謁、閹宦，表裏用事。」帝爲之感動改容，咨嗟太息。明日，手詔罷邊帥之尤無狀者，申儆群臣，以朋黨爲之戒，命有司裁節中外浮費，而賜僑金帛甚厚。僑固辭不受。侍講，開陳友愛大義，用是復皇子竑爵。請從祀周敦頤、程顥、程頤、張載、朱熹，以趙汝愚侑食寧宗帝。皆如其請。金使至，僑以無國書，宜館之於外，如晉叔向辭鄭故事。忤丞相意，力丐休致。帝諭留甚勤。遷工部侍郎，辭益堅。遂命以内祠侍讀，遇事盡言。以疾申前請。乃以寶謨待制奉祠。卒，謚「文清」。

贊曰：史稱僑之清修苦節，惜不至乎大用，豈知僑者哉？君子之事君，惟求乎言之聽而道之得行耳。奚較其爵位之崇卑乎？僑以一言感悟，更革弊政，煥然一新。至於不受進言之賞，固辭侍郎之命，亦可觀其去就之正矣。又烏可以患得患失之人同日而語哉！

《金華先民傳》徐僑傳

應廷育

徐僑，字崇甫，義烏人。初受學于東萊門人葉邽。淳熙十四年舉進士。調上饒縣簿。復及朱晦庵之門而卒業焉，晦庵稱其明白剛直，析理殊精。因命以「毅」名齋。歷紹興、南康司法，皆以憂去。開禧和戎，議函大臣之首。僑上書言非所以立國，時多其能盡言。嘉定七年，由嚴州推官滿考，差主管刑工部架閣文字，除國子學録。召試館職，除祕書省正字，遷校書郎，兼吴、益王府教授。請外知和州，徙知安慶府。十一年，除提舉江南東路常平。上書極言時政，請詔大臣以正己之道正人，憂家之慮憂國。庶幾致安於已危，迓治於將亂。丞相史彌遠怒，令言者劾罷之。理宗即位，禮部侍郎真德秀奏亮直敢言如徐僑者，顧寘之言地。不報。時葛洪、喬行簡在從官，代爲請祠。迄不受禄，既遂，引年告老。紹熙六年，彌遠卒。朝廷更化，收用老成。落致仕，除直寶謨閣提點江東刑獄，尋除祕書少監，改太常少卿，皆辭。逾年，趣召入覲，手疏以正心爲本，知人爲急，凡數千言，皆感憤剴切，帝慰諭之。顧見其衣履垢湫，愀然曰：「卿可謂清貧。」僑曰：「臣不貧，陛下乃貧耳。」帝曰：「朕何爲貧？」僑曰：「陛下國未計，疆宇日蹙，權倖用事，將帥非材，旱蝗相仍，盜賊並起，經用無藝，帑藏空虛，民困於横斂，軍怨於掊克。群臣養交而主孤立，國勢阽危而上不悟。臣不貧，陛下乃貧耳。」又言：「今女謁、宦官互相囊槖，誕爲二豎，以處國膏肓，而執政大臣又無和、緩之術，陛下此之不慮而耽樂是從，世有扁鵲，將望見而却走矣。」時貴妃閻氏方有寵，而内侍董宋臣表裏用事，故僑對及之。帝爲之動容太息。明日，手詔罷邊帥之尤無狀者，申儆群臣，以朋黨爲戒，命有司裁節中外浮費，而賜僑金帛甚厚。僑固辭不受。除兼侍講，尋兼權國子祭酒。勸講之際，開陳友愛大義，皇子竑由復爵。且建言子思宜配享孔子，周敦頤、程顥、張載、朱熹宜列從祀，王安石宜廢勿祀，趙汝愚宜配享寧宗廟廷。事皆施行。金使王檝來無國書，僑請如晉叔向辭鄭故事，館之於外。與時宰議不合，力求去。帝諭留甚勤。遷工部侍郎，求去益堅。陞集英殿修撰提舉佑神觀兼侍讀。僑奏「領祠、勸講，乃體貌重臣之殊禮」，力辭不敢當。遂以寶謨閣待制奉祠。卒年七十八。謚「文清」。所著有《讀易記》三卷，《雜説》一卷，文集若干卷。僑嘗言：「朱子之書滿天下，學者不過割裂掇拾，以爲進取之資，求其精專篤實，能得其所以言者蓋鮮。」故其學一以真實踐履爲功。奏對之言，剖析理欲，因致勸懲，弘益爲多。其守官居家，清苦刻厲之操，尤爲人所難能。王褘嘗稱其學行純篤，風節高峻，誠可謂道學之宗師云。今祀本府鄉賢祠。

《義烏人物記》徐僑傳

金江

徐僑，字崇甫。其先諸暨人。有祖，官吴越，爲常侍，始遷於義烏之龍陵。從學於吕祖謙門人葉邽。登淳熙十四年進士第。調上饒主簿，始受業朱熹之門，熹稱其明白剛直，命以「毅」名齋。歷紹興、南康司法，皆以憂去。嘉定七年，由嚴州推官考滿，差主管刑工部架閣文字，除國子録。召試館職，除祕書省正字，遷校書，即請外知和州，徙知安慶府。十一年，除提舉江南東路常平茶鹽事。上書極言朝廷時政，請詔大臣以正己之道正人，憂家之慮憂國。庶幾致安於已危，迓治於將亂。丞相史彌遠怒，令言者劾罷之。理宗即位，禮部侍郎真德秀奏亮直敢言如徐僑者，願寘之言地。

時史彌遠猶在相位，不報。葛洪、喬行簡代爲請祠。迄不受禄，遂引年告老。紹熙六年，朝廷更化，收用老成。落致仕，除直寳謨閣江東提刑，尋除祕書少監，改太常少卿，屢辭。逾年始入覲，手疏數千言，皆感憤剴切，上爲竦聽。顧見其衣垢履敝，愀然謂曰：「卿何貧甚焉？」對曰：「臣不貧，陛下乃貧耳。」帝曰：「朕何爲貧？」對曰：「陛下國本未建，疆宇日蹙，權倖用事，將帥非材，旱蝗相仍，盜賊並起，經用無藝，帑藏空虛，民困於横斂，軍怨於掊克。群臣養交而天子孤立，國勢阽危而陛下不悟。臣不貧，陛下乃貧耳。」又言：「女謁、閹宦，表裏用事。」帝爲之感動改容，咨嗟太息。明日，手詔罷邊帥之尤無狀者，申儆群臣，以朋黨爲之戒，命有司裁節中外浮費，而賜僑金帛甚厚。僑固辭不受。除兼侍講，尋兼權國子祭酒。勸講之際，開陳友愛大義，遂復皇子竑爵。且建言子思宜配享孔子，二程子宜列從祀，王安石宜廢勿祀，趙汝愚宜配享寧宗。帝皆如其請。論王檝使事，僑以既無國書，則非正使，宜館之於外，如晉叔向辭鄭故事。與時宰論不合，力求去。帝諭留甚勤。遷工部侍郎，求去益堅。陞集英殿修撰提舉佑神觀兼侍讀。僑奏「領祠、勸讀，乃體貌重臣之殊禮」，力辭不敢當。遂以寳謨閣待制奉祠。卒年七十八。謚「文清」。所著有《讀易記》三卷、《讀詩記詠》一卷、《雜説》一卷、文集若干卷。子鈢、鈞、鏄，皆傳其家學，以世賞入官。

贊曰：朱子之學大行於婺，由徐僑與何基始。基承再傳之緒於黄幹，而僑則親承指授於朱子者也。故制行純篤，風節高邁。其立朝剛直，感格君心，實能行所學矣。授以高位而展其志，則天下當被其澤。屢請奉祠，不獲大行，惜哉！

《南宋書》徐僑傳

錢士升

徐僑，字崇甫，義烏人。淳熙進士。調上饒簿。始登朱熹之門，熹命以「毅」名齋。入爲秘書正字。迮丞相史彌遠，劾罷。

端平初，與諸賢俱被召。帝見其衣履垢敝，愀然曰：「卿可謂清貧。」僑曰：「臣不貧，陛下乃貧耳。」曰：「朕何爲貧？」僑曰：「陛下國本未建，疆宇日蹙，權幸用事，將帥非材，經用無藝，帑藏空虚。民困於横斂，軍怨於掊克，群臣養交而天子孤立。陛下乃真貧耳。」又言：「今女謁、閹宦，相爲囊橐，誕爲二豎，以處國膏肓，而執政大臣又無和、緩之術。陛下此之不慮，而耽樂是從。世有扁鵲，將望見而却走耳。」時閻貴妃、董宋臣表裏用事，故僑論及之，帝爲之改容。

又開陳友愛大義，用是復皇子竑爵。請以周、程、張、朱從祀。嘗言：「熹之書比年滿天下，不過割裂掇拾，以爲進取之資。求其專精篤實，能得者益鮮。」故其清苦刻厲，尤人所難。又請以趙汝愚侑食寧宗。金使至，僑以無國書，宜館之於外，如叔向辭鄭故事。迕丞相意，奉祠。卒，謚文清。

嘉慶《義烏縣志》文清公徐僑墓記

宋寶謨閣待制徐文清公僑，爲理宗時理學名臣。退老於靖安里，尤酷愛五雲山之勝，嘗静養於此，殁遂葬焉。前明萬曆邑乘及國朝王、韓諸公所修志，皆載公墓在山之智度寺後。今考五雲寺右有墓，石碑俱存，據寺僧稱，公墓本在智度寺後，因移建五雲寺於今址，遂落右側。但世代既久，改寺之年月已無可考，即公之子姓，亦祇以志書爲張本，墓之是否，且未能辨矣。惟公有肖像在寺之後左廂，則像可移塑，而墓不能改遷也。塋造高不二三尺，而竹樹虯結。疑其已古，必執以寺後之志爲確，似轉無可指實。康熙間，公之後裔徐海等，屢以是山田地爲公所助，與僧訐訟，歷奉臺司核斷，以助田無據，卒爲僧業。緣公像在寺，令僧供其祭祀而已。兹據生員徐光起等，復以墓在寺右，爲僧毁移，而祭久不舉，從而興訟。在宋時至今已四五百年，滄海桑田，變遷不一，其子姓且不能確指祖墓在寺後何地，因何而又在寺右，則失守已久，豈能轉責之寺僧耶。特以公墓在是，又復肖像寺中，憲讞田屬諸寺，祭責諸僧，爲確不可易之案，固不得久而遂廢耳。因禁其田地之朘削，而以租賦之餘，時其祭祀。且恐其名存而實亡也，復斷以每歲清明、冬至二節飭僧備祭，派公之後裔四人赴寺與祭，亦毋許多人滋擾。至公墓所在，則僧應加意看守，永毋侵伐，庶相仍弗替，而文清之澤亦從此綿長矣。既訊立讞，並識其大略，附諸志，俾後弗争焉。

嘉慶壬戌二月識

徐文清公祠堂碑〔一〕

朱　廉

宋徐文清公祠堂，在義烏縣南四十里之赤岸。赤岸，公里也。公之被讒，及奉祠家居，里士朱府君良祐，舉賢尚德，誠意懇至，命三子□中□受學於公。凡公賈田築室之事，府君悉心左右無遺力。又度里之勝地，作適意亭，日與公遊息其間。當是時，公之高節大義聞天下，賢士大夫皆有企慕不可及之歎，而府君與遊，相得懽甚。三子在門，又皆力學有立，朱氏由是益大。其後子姓，聯登科第者接踵，其經學、行誼、政績，皆有出於人。衣冠之盛，久而弗替。淵源所自，實本於公。今年春，乃相率就適意亭故址東偏，構堂以祀焉。既又合辭謂廉曰：「公之歿，當有祀於鄉，而淑於我朱氏者爲大，是以有今尸祝之宇。吾懼後世彌遠而弗知也，子其著文，鑱諸貞石，以示將來。」廉，府君五世孫，而私淑於公者爲尤深，辭以無文，是忘本也。謹

〔一〕輯自程敏政編《明文衡》卷六十四，《景印文淵閣四庫全書》。

用摭取《宋史》傳文，繫銘其下，使後之薦奠於斯者，仰瞻德義，興起於學，而毋敢怠忘。傳曰：公名僑，字崇甫。淳熙十四年舉進士，調上饒主簿，始登我文公之門。文公稱其「明白剛直」命以「毅」名齋。入爲秘書省正字、校書郎兼吴、益王府教授，直寶謨閣、江東提點刑獄。以忤丞相史彌遠，劾罷。寶慶初，葛洪、喬行簡代爲請祠，迄不受禄。紹定中，告老得請。端平初，與諸賢俱被召，遷秘書少監、太常少卿。趣入覲，手疏數千言，皆感憤剴切，上劘主闕，下逮群臣，分别黑白，無所回隱。理宗數慰諭之，顧見其衣履垢弊，愀然謂曰：「卿可謂清貧。」公對曰：「臣不貧，陛下迺貧耳。」理宗曰：「朕何爲貧？」公曰：「陛下國本未建，疆宇日蹙；權倖用事，將帥非才；旱蝗相仍，盜賊竝起；經用無藝，帑藏空虚；民困於横斂，軍怨於掊克；群臣養交而天子孤立；國勢阽危而陛下不悟：臣不貧，陛下乃貧耳。」又言：「今女謁、閹宦相爲囊橐，誕爲二豎，以處國膏肓，而執政大臣又無和、緩之術。陛下此之不慮而耽樂是從。世有扁鵲，將望見而却走矣。」時貴妃閻氏方有寵，而内侍董宋臣表裏用事，故公論及之。理宗爲之感動改容，咨嗟太息。明日，手詔罷邊帥之尤無狀者，申儆群臣，以朋黨爲戒。命有司裁節中外浮費，而賜公金帛甚厚。公固辭不受。侍講，力開陳友愛大義。用是復王子竑爵。又請以周敦頤、程顥、程頤、張載、朱熹從祀孔子，以趙汝愚配食寧宗。皆從其請。金使至，公以無國書，宜館之於外，如叔向辭鄭故事。忤丞相意，力請休致。理宗諭留甚勤。遷工部侍郎，辭益堅。遂命以内祠侍讀，不得已就職。遇事盡言。以申前請，乃以寶謨閣侍制奉祠。卒，謚「文清」。嘗言：「比年朱文公之書滿天下，學者不過割裂掇拾，以爲進取之資。求其專精篤實，能得其所言者蓋鮮。」故其學一以真踐實履爲尚。奏對之言，剖析理欲，因致勸懲，弘益爲多。若其守官居家，清苦刻厲之操，人所難能也。銘曰：「侃侃徐公，實踐真知。國之正臣，士之碩師。天與之氣，清明剛毅。而不與時，當宋之季。權奸柄國，婦寺蠱之。崇論塞胸，抑欝莫施。進必以義，亦列禁近。凡所對揚，直辭凜凜。知有國耳，焉知貴勢。我位可貶，言不可避。周程從祀，趙相侑食。濟王復爵，皆公裨益。學之所宗，自我文公。啟迪俊髦，澍雨春風。赤岸之里，有斐朱氏。數百年來，冠紳濟濟。或立于朝，或任煩劇。文爲國華，行爲士式。端緒所聞，伊誰之力？里有吉士，公昔遊焉。雙流右會，雙峰列前。有堂崇崇，祀公其間。公所授受，斯道之脈。道在人心，精神罔隔。豈必子孫，而後歆格。道之無疆，公神不亡。春秋觴俎，牲酒鮮香。明明千載，妥侑斯堂。」

《重修適意亭記》載徐僑事[一]

柳貫

烏傷，漢縣也。直其南東，鄉曰雙林村，曰蒲墟。有朱氏者世居之……予家東距赤岸，不贏三舍。若溧水州判官繼善字性初，與其猶子震亨字彦修，不獨於予有交友之誼，而重之以親戚之好焉。今性初不可復作，而彦修懃懃語予曰：「吾家故有適意亭，吾高祖東堂府君字元德之所作也。府君與宋工部侍郎毅齋先生徐文清公友善，二子實從之遊。府君時，先生之家居也，爲作斯亭，延而致之，以資和兑講習之益。蓋先生之學，出於文、成二公，而深體力行，沉潛剛毅，清風勁節，凜然如冰雪孤松。即府君之能致先生，與先生之屑意於府君，其人品高邁，固絶人遠矣。府君下世，亭且缺廢。吾曾伯祖，贈婺州路總管府治中，府君嘗一營治之，而自記之。及吾世而亭燬於寇。初，面亭有池。吾季父溧水府君，除瓦礫，興構築，復作亭池上，未成而季父卒官。今吾將

〔一〕輯自柳貫《待制集》卷十五，《景印文淵閣四庫全書》。

經緝是亭，即故址作金威祀，以東堂府君侑，且爲別室，奉先生之主焉。蓋金威神祠於鄉，府君始作亭。而吾子孫承宗弗墜，尚先生之教秩而祠之，示有先也。子能爲吾記亭興作之自，而繹張先美，以垂訓于方來，尚吾季父之志也夫！」眇予晚出，企瞻先生，猶神龍之遊於雲間，而威鳳之翔於千仞。見且不可，況欲藻繢而形容之，以自附於知言之士？其將若何而自靖之耶？獨念往嘗竊從鄉之耆艾，講聞先生立朝大節，想其面目嚴冷，言論剴切。雖出籓入從，深簡穆陵之知，而終始難進易退之風，人至方之吕獻可、范淳父。則夫府君之以桑梓之故，進得與之交從欵密，必非尋常木强之人，固其有所不爲者矣。亭爲兩公遊息之舊，釁成揭扁，近不即夫溪山原麓之名，遠不示之操存省驗之要。而必曰「適意」云者，意夫兩公遊於亭上之是時也，攬煙雲之卷舒，矚卉木之榮悴，雖萬物之變，交乎吾前者有不勝窮，而吾胸中天理流行之妙，悠然沛然，亦即其所處而樂其所安夫！豈有一毫舍己從人之私，得以溷吾之意而敗吾之適也哉？凡朱氏之所以菑之播之而穫之炊之者，是亭實肇基之耳。今亭則完美矣，而有祠有主，出於原始要終之意，無弗厚也。赤岸之有朱氏，緜歷殆餘千年。肆揚州之治行第一，傳信史牒；金威之功烈宜祀，簡在人心。下逮東堂府君之取友輔仁，又得文清爲之引重。雖文清訒言尚行，他無所考見，而世譜後題，鑿鑿數十語，珠光玉采，其爲朱氏賁澤之者，已不啻千百言之多矣。然則朱氏之子若孫，竦瞻楹桷，慨想儀刑，競於問學，而强於爲善。思夫天地吾身，禹稷吾事，皆由己推而致之，彼科目禄仕，可以幸得之者，則一趙孟能貴賤之矣。吾朱氏之先，所以劬躬壽後，封培而潤澤之者，則不在是也，乃若前記所云：「亭之興廢，吾家之盛衰占焉。」此朱氏十一字，元也。有亭無亭，何損益于朱氏？蓋知有亭，則知尊祖而敬宗在爾。後之人承之斅之，爲何如耳？《詩》曰：「鶴鳴于九皋，聲聞於天。」又曰：「相在爾室，尚不愧於屋漏。」請歌以饗群宗。吾友白雲先生許君益之，朱氏壻也。彦修還，以予言即而請焉。其將有發矣夫！其將有發矣夫！重紀。至元之三年其歲丁丑秋八月壬午里後學柳貫謹記

《宋學士全集·葉由庚傳》載徐僑事

宋　濂

時丹溪徐僑倡明考亭朱熹之學，四方人士，多集其門，由庚執經從之。僑授以「中、誠、仁、命、性、心」六字之説，由庚早夜磨礪，探窮經旨，驗之於躬行，期

凝合而無間。僑謂人曰：「成父從僑最久，静願無他，好講學，意趣殊深，吾道爲有所托矣。」遂以「通」名其齋居。且戒之曰：「心體之流行，即天運之流行也。無乎不通，而塞之人其物矣。」由庚佩之終身……

贊曰：婺傳朱熹之學而得其真者，何基則受經熹之高第弟子黄幹，而王柏則基之門人也。至若徐僑，親承指授於熹，而由庚從僑遊者最久，又盡得其説焉。及僑既没，由庚與基、柏遂以道學爲東南倡。評者謂基深潛冲澹，得學之醇；柏通睿絶識，得學之明；由庚精詳暢達，得學之通。考其一時化迪之盛，入其室者，殆如春風和氣之襲人，從容一言之加，輒睟面盎背而鄙吝爲之消盡。嗚呼，何其盛哉！九京可作，濂當爲執鞭焉。

《宋元學案補遺》載徐僑事〔一〕

補　文清徐毅齋先生僑

梓材謹案：文清固爲朱門高第，其後亦多稱朱學，然王忠文、宋文憲諸公猶心悦東萊。觀文

〔一〕輯自王梓材、馮雲濠《宋元學案補遺·滄洲諸儒學案補遺》卷六十九、卷七十。

憲《思孅人辭》與忠文跋語可見，且忠文有《大事記續編》之作，非吕學而何？溯淵源端由麗澤。宜梨洲、謝山之並以此派爲吕學也。

雲濠謹案：王忠文《義烏先達傳》言先生所著有《讀易記》三卷、《讀詩紀詠》一卷、《雜説》一卷、《文集》若干卷。

附録

提舉江南東路常平茶鹽事。上書極言時政，請詔大臣以正己之道正人，憂家之道憂國。庶幾致安於已危，迓治於將亂。丞相史彌遠嗾言官罷之。未幾，理宗即位。禮部侍郎真德秀奏：亮直敢言如徐僑者，請置之言地。而彌遠猶在相位，不報。

其學一以真踐實履爲尚。奏對之言，剖析理欲，因致勸懲，宏益爲多。若其守官居家，清苦刻厲之操，人所難能。其在人君前，論學則曰「在正心」，論治則曰「在知人」。其教學者，以命、性、心、中、誠、仁爲窮理之要，「九思」「九容」爲主敬之本。

嘗作《竹門詩》曰：「竹門何爲設，護此自在身。而有不知者，謂隔一切人。門有閉有開，人有疏有親。閉以謝俗客，開以納嘉賓。或方計財利，我方甘窶貧。或方圖宦達，我方蘊隱淪。豈惟乖趨向，誠亦困糾紛。若夫道誼交，開益所願聞。清幽能共適，淡薄能相因。與夫學問徒，講説敢辭勤。義理滋我悦，詩書陶我真。俱不役餔酌，且無因精神。然當時省己，勿或浪尤人。古人重晚節，氣衰當志新。古人貴老成，齒頽資德尊。初心苟無負，斯不愧斯門。」

又《偶書》曰：「有原一本流無窮，有物萬殊生不同。自從太極兩儀後，往古來今感應中。」又曰：「日月東西遞往還，四時遷易不曾閒。要知天地生成妙，只在陰陽進退間。」

又《即事》曰：「自吾齋外付吾兒，除却詩書總不知。苔色上侵閑坐處，鳥聲來和獨吟時。十分秋景重陽後，一味天涼老者宜。調後身心能自慊，止吾所止復何疑。」

姚希得序先生《尚書括旨》曰：「夫五經爲諸書之冠，而《虞》《夏》二書，皆聖訓典謨，惟精惟一之旨，又爲五經之冠。苟非深明其奥，曲洞其理，安能妄措一詞？今詳觀是帙，注解詳密，毫無滲漏，乃知先生于此書之宗旨，默識心通，至於繼往聖，開來學，豈不賴有此耶？」

補 葉通齋先生由庚

附録

徐文清謂人曰：「成父從余最久，静願無他好，講學意趣殊深，吾道爲有所托矣。」遂以「通」名其齋居。且戒之曰：「心體之流行，即天道之流行也。無乎不通，而塞之人，其物矣。」先生佩之終身。

朱先生□父元德

朱□，義烏人，東堂先生元德之子也。東堂與徐文清友善，二子實從之遊。時文清家居，東堂爲作適意亭。延致之，以資和兑講習之益。《柳待制集》

龔先生應之

龔應之，字處善，義烏人。嘉定癸未進士。以經義受知穆陵，歷踐清要。官至右史，終于中大夫直寶謨閣。《黄文獻文集》

梓材謹案：《儒林宗派》列先生於徐文清之門。

運判康先生植

康植，字子厚，義烏人。嘉定進士。……父仲穎，與徐文清爲同年。先生以故早師事之。師門中獨先生從游最久。與同邑秘書丞王世傑皆號稱高第。《王忠文集》

州判樓先生大年

樓大年，字元齡，義烏人。從鄉先生徐文清公遊。文清，晦庵弟子，故先生長於性命之學。登嘉定癸未進士……《宋文憲集》

徐毅齋贊[一]

劉　宰

巖巖乎泰山，凜凜乎秋霜烈日。一辭不屈，而況其膝。萬鍾不受，而況乎百鎰五十鎰。偉哉此公，勁氣摩空。我見其貌，已得其中。惜也，人見其介，未見其通。

毅齋畫像贊[二]

何夢桂

爾形頎頎，爾貌奇奇。使位稱夫人，命偶夫時，則其仕當路，食太倉，疇謂非宜？而其受食於天乃如彼，何居？雖然，子之齒其猶未，其方來者固未易知。

[一] 輯自劉宰《漫塘集》卷二十五，《景印文淵閣四庫全書》。
[二] 輯自何夢桂《潛齋集》卷十，《景印文淵閣四庫全書》。

書徐文清公家傳後〔一〕

蘇伯衡

考亭朱子之學大行於婺，由公與文定何公始。文定承再傳之緒於文節黄公，而公則親承指授於朱子者也。文定後傳文憲王公，文憲傳文安金公，文安傳文懿許公，而其學人到於今傳焉。徐公遊最久，而盡傳公之學者，曰通齋隱君葉由庚。公既没，隱君與文定、文憲，皆以道學爲東南之望。及隱君没，而其學遂莫之傳。近時閭巷後生，於公師友之淵源，猶昧昧不知，而況知講其學乎？然則，人之崇尚文定之學者，不過風承響接，以世所共傳爲信耳。豈復卓然有見而灼然有知乎？不然，公與文定雖各名家，而其所學則惟一道，況隱君論辯周子《太極圖》，與《論語》屬，詞聯事集，文定、文憲皆深服其言，則亦烏可弗講其學也歟。宋渡江以來，婺之先達，清脩直亮，貴而能貧，惟公及中書舍人潘公。而公之學術，尤粹且正，是誠何可及哉？

〔一〕輯自《蘇平仲文集》卷十，《景印文淵閣四庫全書》。

去之百餘年，而無稱焉，尚得謂之有尊德樂道之心哉？公之六世諸孫陵以此傳見屬，繕寫景仰之餘，而感慨係之矣。

附録二　書信唱和

倉使亦爲梅著句適與予意相合和其韻〔一〕

陳文蔚

六花如覺厭春遲，桃未敷紅柳未垂。只有紅梅太孤寂，裁冰綴玉助清奇。

別倉使二首

陳文蔚

千里江頭訪故人，事雖論舊道彌新。懸知一味憂勤意，要活九州窮困民。秋月洞明波底影，祥風潛有雪中春。荒山僻嶠雲深處，無惜遄驅六轡均。

〔一〕以下陳文蔚詩、文，輯自《克齋集》，《景印文淵閣四庫全書》。

服膺師訓毅名齋，觀省無妨動與偕。只向此中窺所守，已知平日謹諸懷。器充宏博乾坤大，理析精微律吕諧。吾道古今窮不盡，一尊深夜講朋儕。

追賦臺治諸景有懷倉使

陳文蔚

日日花光展翠游，芙蓉高樹壓城頭。招邀風月新添竹，管領湖山數上樓。欲伴清琴庭舞鶴，不驚使節浦眠鷗。花開紅藕薰風細，恨不同撑柳外舟。花光、展翠，皆亭名，城隅有九芙蓉，正面九華，湖山樓面秋浦。

昌甫寄徐崇甫書並崇甫寄渠詩及渠兄弟和章因次其韻呈昌甫

陳文蔚

念作章泉去，川流日夜東。一身長是客，雙鬢已成翁。霽想濂溪月，和思柳下風。平安毅齋信，多謝爲流通。

答徐崇甫人心道心並性理説

陳文蔚

人心、道心固無二，以其或生於形氣之私，或原於性命之正。生於血氣之私，豈非人欲？原於性命之正，豈非天理？況舜、禹相詔之語，已有危微之別，則一邪一正固無疑矣。繼之以惟精惟一，則欲人於致察之力，細密而無不盡；持守之志，堅固而無或雜。蓋察之不密，則二者交互於胸中，而天理人欲，不能致謹於毫釐之辨，雖欲於持守之際，純乎天理，而不雜於人欲之私，不可得矣。惟精惟一，則兩下工夫並進，而中可得矣，中即所謂道也。來論援孟子「仁也者，人也，合而言之，道也」爲證，而謂道即人，人即道。聖賢語言，意各不同，兩處各看，令融液透徹，庶幾不相病耳。性善之説，以水清爲喻，非不善，第以清濁爲言，則雜乎氣質矣。其後謂氣有不齊，而其質則一，意欲言性無不善，如水無不清，不知既以氣質言，則水不能皆清，性不能皆善矣。當如孟子言「人無有不善，水無有不下」，則無病耳。此乃講學之本原，當取孟子與告子辨論處熟看，仍以《程氏遺書》論性之語參酌求之。知本然之性與雜乎氣質而言者不同，則議論方有的當，非臆想料度之可及也。來諭以天命比君命，此固然矣。但分心性情處，亦恐未然。蓋心統性情，性即心之静，而情即心之動。心不能不静，而亦不能不動，豈有惡於情哉？今曰人之本心即性也，其不善者情也，心性既無毫釐之别，又直以情爲不善，則與滅情之見何異？孟子謂：「乃若其情，則可以爲善矣。」乃所謂善也，豈以情爲不善哉？心、性、情之界限，惟孟子之書具其條理，無吝熟咀味也。吾輩相去之遠，不得群居講學，苟書問中，又不能盡情無隱而同聲相和，即爲同門之罪人，是以不敢苟相阿狥而傾倒。鄙見如此，幸詳之，復以見告。一邪一正之説，傷於刻畫。人心未必便邪，第生於血氣之私，不知簡柅，則易流於邪，此所以惟危也。當如叙中語，人莫不有是形，雖聖人不能無人心，必使道心常爲一身之主，而人心每聽命焉，則危者安，微者著，而動静云爲，自無過不及之差矣。因暇日抄録舊編，將因書復以告崇父。

嘉定辛巳十二月二十六日

又答徐崇甫説

陳文蔚

前書見教人心、道心之説，謂：「惟危惟微者，俱未可以言中；曰惟精惟一者，必如是所以爲中。若便指人心爲人欲之私，其意義無乃太疏淺。」某再三詳之，極感開發愚意。竊謂貴乎精一者，正欲察其微而安其危，如是乃可以得中，非謂精一便爲中也。爲字似未穩，人心固不可便指爲人欲，畢竟生於血氣，易流於人欲，此所以爲危。《中庸·序》於此辨析甚精。尊兄謂：「平心定氣味之，又驗之於心，其旨自可見。」此言甚善，但當實用其功，則舊見庶可濯去，而新知當自得也。

答崇甫所辯講義二條

陳文蔚

蒙見教懲忿、窒慾二事，較之鄙見，尤覺條暢，足以補其缺漏。甚感甚幸！但謂忿害淺，故懲之；慾害深，故窒之。愚意恐忿、慾之爲害，不可以分淺深。蓋忿之來也暴，不知不覺之間，已致於肆横而不可制，故必懲之，懲則尤欲其用力也。程子謂治怒難，治懼亦難。明理可以治懼，克己可以治怒，正謂此耳。慾心發於隱微之中，其來也以漸，只要早覺，纔覺便可制，然非恬於世味者不能也。以此觀之，忿、慾之爲害，不可以分淺深。尊兄以爲如何？儻有未然，更俟開曉。仕、學二端，謂理無窮。學寧有窮，援漆雕開事以證，可謂名言，良用敬嘆。但引周公事，恐孔子只説：「凡人雖有周公之才之美，使驕且吝，其餘不足觀也矣。」驕、吝二字，非指周公而言也。來教以爲聖人尚爾，況其未至者乎？似便以周公爲驕、吝也，未免語病。更幸思之，詳以見教。

與徐崇甫校書庚辰二月

陳文蔚

《語録》刊行者，文蔚偶有所見，並昌甫所報凡二條，與別録所疑，悉見《與葉味道書》中，得暇能相與折衷爲佳。有如校書尊兄所守所行，誠不可及，文蔚數與朋友言之。但吾人所學，要在擇乎中庸，往往工夫亦未易到。故子思親切示人，以爲天下國家可均，爵禄可辭，白刃可蹈，而中庸不可能。以事情論之，疑莫難於前三者，而莫易於中庸。今子思以前三者爲可均、可辭、可蹈，而以中庸爲不可能。蓋前三者，資稟之相近者，皆可以智能慷慨爲之。而中庸非義精仁熟，則不能以從容而中，而智力果敢有所不與矣。不能，非狂即狷，不得爲中庸也。尊兄試深思之，愚者一得，或有可採。

再答徐崇甫書辛巳三月

陳文蔚

高居無事，温尋舊學，其樂無涯。世間升沉，安足論哉？紙尾見教，良感不鄙。文蔚謂以水之清論性之善非不當，但水論到清濁，則涉乎氣質矣。所以水不能皆清，就其清之中，亦有不同。有清之甚者，有雖清而不能瑩徹者。蓋水之清濁，繇地氣之美惡，人之氣質之性，何以異此？惡者，氣質之不美，即水之濁者；善者，氣質之美，即水之清者。然氣質雖美，而淳漓亦有不同。如水雖清，而等級亦有不一。若乃就下，則水之本然之性，而《洪範》論五行，亦曰水，曰潤下。故孟子有「人無有不善，水無有不下」之説，斯則極本窮源之論。程子謂「性即理」是也。理豈有不善者哉？是乃萬物之一源，非若氣稟之有不同矣。人心道心，《中庸・序》論之備矣，謂「或生於形氣之私，或原於性命之正」，繼之以「人莫不有是形，雖聖人不能無人心，亦莫不有是性。雖下愚不能無道心，必使道心常爲一身之主，而人心每聽命焉，則危者安，微者著，而動静云爲之間，自無過不及之差矣」。文蔚竊謂古今之論，未若此數語之明且正者。尊兄蓋未之深考，謂其所論之皆不然，固不可，但毫釐之間，更少分別，遂不覺其意之偏耳。文蔚既荷有講切之益，不敢不盡誠，或有未然，便來更賜鐫曉。

臨江仙 和毅齋見壽〔一〕

何夢桂

十月江南風信早，梅枝早報先春。田園賸得老來身。浪言陶處士，猶是晉朝臣。

〔一〕何夢桂詞兩首，輯自《潛齋集》卷四，《景印文淵閣四庫全書》。

人道革爻居九四，誰知數在邅迍。明年五十志當伸。低頭羞老婦，且結會稽盟。

沁園春 壽毅齋思院五十二歲

何夢桂

尚書當年，蓬矢桑弧，初度佳期。是詞林老虎，文場威鳳，人中祥瑞，天下英奇。太守買臣，中書坡老，五十二年回首非。人間事，且開眉一笑，醉倒金巵。阿婆還憶年時，也曾趁鴻臚拜玉墀。念青衫荷葉，嫁衣尚在，青銅菱影，破鏡猶遺。半席寒氊，一官俛首，造物還應戲小兒。問天看，是他誰戲我，我戲他誰。

附録三　序跋評論

跋徐毅齋帖〔一〕

王　柏

咸淳壬申之冬，予畏友通齋葉仲成父出示毅齋先生徐文清公遺其先正監丞都運之帖一巨軸。後學王某肅容敬觀，藹乎仁義之言也，確乎朋友之義也。枌榆之人物尚盛也，縉紳之公論尚明也。其於出處輕重之間，講之尤密。視民輕則爲己重，爲民重則視己輕。簡而裕，辨而正，事關父師，情深誄此。此豈止爲家庭之天球弘璧而已！所以嗣先德，存大範，鎮家乘也。發舒融暢，實有俟於後人。

〔一〕輯自王柏《魯齋集》卷十二，《景印文淵閣四庫全書》。

《瀛奎律髓》評《毅齋即事》〔一〕

方回

毅齋徐公，諱僑，字崇文。婺安人，朱文公門人也。端平侍從，近世君子之無瑕者。此詩中四句絶妙，味其學力，非小小詩家可及。有德者必有言也。

徐文清公手書雜稿後題〔二〕

吴師道

右故宋侍讀文清公毅齋先生徐公手書雜稿一册，起乙酉、止壬辰之所著也。公起家諸生，踐歷中外，以亮直敢言著聲。嘉定中，提舉江東常平茶鹽。上書忤時相，劾

〔一〕輯自方回《瀛奎律髓》卷十二，《景印文淵閣四庫全書》。
〔二〕輯自吴師道《禮部集》卷十七，《景印文淵閣四庫全書》。

罷歸。乙酉，當理宗即位寶慶之初，鄉人葛樞密容父、喬侍郎壽朋代爲請祠。紹定戊子，力乞休致。又明年庚寅，命下端平，被召晉擢中秘奉常。手疏數千言，極陳時弊，侍讀經帷，開陳友愛之道，用是復濟邸主爵。請廢王安石從祀，祀周、程、張、朱，請以趙忠定侑食茂陵。北使至，無國書，請館之於外，如晉叔向辭鄭故事，又忤時相，皆關係之大者。一時儁俊，傅景初、楊敬仲、柴與之、趙昌父、劉平國、陳師復共薦，愼景元、魏華甫、袁廣微同列，今猶誇詡誦傳也。蓋自公之居閑十五、六年，此册所載，始終八年，優遊休退，自警者凛凛甚嚴。而於親友之慶弔問祭、燕集往來，悃欵真誠，風流篤厚。至於暄涼晴雨之候，卉木禽獸之情狀，密察深省，託興寓懷，而無一言一事之不出於正。蓋其學問侍養，不怠於閑暇之時，故風節議論，彌篤於晚暮之後，於此可考矣。公早受業鄉先生大冶主簿葉君子應，後乃從朱子遊。簿君實東萊門人，前修既遠，緒論寖微，晚學之所深恨。間嘗扣之簿君曾孫審言，得公《雜説》一卷，手帖一通，今復見此。肅乎挹公之清風，藹乎接公之仁言。起畏起敬，懦立鄙消，不勝其降嘆也。謹書其後，而始歸之耳。

四庫未收書提要・毅齋别録一卷提要

不著撰人名氏。卷端有《正德辛未十一世孫興序》一首云「先世文清公，號『毅齋』。嘗從東萊、晦庵相與倡學於婺。其所著有《讀易記》《讀詩記詠》《文集》等書。以之格君心，淑後學，羽翼吾道，有補於世教也尚矣」云云。考之《宋史》，乃徐僑之詩也。僑字崇甫，婺州義烏人。早從學於吕祖謙門人葉邽。淳熙十四年舉進士，調上饒主簿，始登朱熹之門。熹稱其明白剛直，命以「毅」名齋。端平中，官至工部侍郎，以寶謨閣待制奉祠。卒，謚「文清」。僑之學以真踐實履爲尚。奏對之言，剖析理欲，因致勸懲，宏益爲多，乃理宗時之名臣。不以詩名，然無講學家習氣，頗近江湖詩派。興序又云：有《文集》一十卷，遭回禄煨燼，今世無傳本矣。

附録四　「毅」與「通」——徐僑的政事與理學貢獻

據嘉慶《義烏縣志》卷十四《理學・葉由庚傳》載，徐僑非常欣賞其高足葉由庚，曾經讚歎：「吾道爲有所托矣」，而名其書齋爲「通齋」。此舉與《宋史》本傳所載「熹稱其明白剛直，命以『毅』名齋」相仿，可見朱子對徐僑的影響。同時，自許與許人常常是相通的，因此，我們也完全可以將「通」視爲徐僑的自期。觀照徐僑一生出處大節，我們認爲：「毅」和「通」，實爲關乎徐僑性格生平的兩大關鍵詞。

朱子既是理學大師，又是訓詁大家。我們可以將「明白剛直」視爲朱子對「毅」的詮解和定義。明白，是有見識，有理念，洞明世事；剛直，是有原則，有擔當，百折不回。剛直，是「毅」的核心内涵；而明白，是剛直的基礎和前提。正因爲明白，所以才有底氣如此剛直堅毅，雅志莫回，始終秉持着自己的政治理念和人生操守，風骨正氣，凜凜然著於青史。

《宋史·徐僑傳》載徐僑晚年軼事云：

端平初，與諸賢俱被召，遷秘書少監、太常少卿。趣入覲，手疏數千言，皆感憤剴切，上劘主闕，下逮群臣，分别黑白，無所回隱。帝數慰諭之，顧見其衣履垢敝，愀然謂曰：「卿可謂清貧。」僑對曰：「臣不貧，陛下乃貧耳。」帝曰：「朕何爲貧？」僑曰：「陛下國本未建，疆宇日蹙；權幸用事，將帥非材；旱蝗相仍，盜賊並起；經用無藝，帑藏空虚；民困於横斂，軍怨於掊克；群臣養交而天子孤立，國勢阽危而陛下不悟：臣不貧，陛下乃貧耳。」又言：「今女謁、閹宦相爲囊橐，誕爲二豎，以處國膏肓，而執政大臣又無和、緩之術，陛下此之不慮而耽樂是從，世有扁鵲，將望見而却走矣。」時貴妃閻氏方有寵，而内侍董宋臣表裏用事，故僑論及之。帝爲之感動改容，咨嗟太息。明日，手詔罷邊帥之尤無狀者，申儆群臣以朋黨爲之戒，命有司裁節中外浮費，而賜僑金帛甚厚。僑固辭不受。

對理宗的厚賜，徐僑固辭不受，並借題發揮，直截了當地提出所憂慮的問題，憂國憂民之心，溢於言表。

朱元龍撰《宋待制徐文清公家傳》載：「（公知和州時）郡民困於和糴溢量，公俾之自概而明取，升耗以給費，民以爲便。既而逆慮他時升耗之外又加溢焉，乃請於朝，蠲之。」宋人稱政府收購糧食爲「和糴」。在實際操作中，官府常常壓低價格强制徵購，或額外無償增收「火耗」（又稱「升耗」），即每購一石加收幾斗。民衆不堪負擔。徐僑決定公平購買，取消溢量徵購糧食的做法，並上奏朝廷免除升耗，以紓解民困。

「嘉定十一年冬，除提舉江南東路常平茶監事。道過金陵，適淮民流散江滸者萬計，公檄郡邑丞舉常平賑之。丞恃制府，緩報，公怒曰：『此豈常程文書邪？』亟命發廩，且劾二人者於朝。」我們可以想見其聲色俱厲地命令開常平倉賑濟災民的情景，因爲他不僅關切着災民的生計，也深知數以萬計衣食無着的流民聚集江淮，倘若處理不當，極有可能激發事端，甚至引起民變，決不容推諉拖延。

《家傳》又載：「虜騎薄境，公部分既定，賓寮將士，争請揭牌閉關，公不爲動。郡丞欲遣妻孥，絶江以避，公正色曰：『不幸受圍，當共死守。』虜知有備，不敢犯。」

體現了國之幹臣的遠見卓識、凛然風骨和勇於擔當任事的作風。

如果説「毅」（「明白剛直」），對應於徐僑的人格精神，那麽「通」，則對應於他的修爲與境界，其仕宦經歷和學理造詣，當得起這一個「通」字。徐氏之「通」主要體現在通於政事和通於學理兩大方面。

通於政事這方面，這裏再舉數例。《家傳》載：「知和州，警軍實，繕守備，尤以撫恤民隱爲本。郡所恃惟敢勇一軍，簡練積弛。就選五百輩，造械器，委將校，日教以弩射叉鎗之法。旬一親按，科其優怯，而賞罰之，咸激厲自奮。師檄欲索去，反復再四，至以語侵公。公謂：『徐某可去，此軍不可去。』迄不發……城中官屯民兵錯集，數以火告，要索攫攘，人甚苦之。公命總軍隨營畫界，界内自撲滅，不過五家十家者，論賞有差，踰是者罰。久之，防城營側火，公親督之。飭管界將曰：『火政即軍政，如火及寨不滅，即行軍法。』將奔往，麾旗登屋，其下争效，火隨以熄。公録用命者，厚賞之。迄公去，不復火。」保境安民，是地方官的職責所在。和州（即今安徽和縣）與南京隔江相望，地處江淮水陸要衝。徐僑之知和州，極其重視防務，精選士卒，修造軍備器械，加强軍事訓練，改進技術，努力打造一支能保一方平安的精鋭部隊。後一則則記載了文清公確保消防安全的行之有效的舉措，反映了他高超的管理藝術。值得注意的是，這裏所述，要點有三：一是「隨營畫界，界内自撲滅」，責任到位；二是「不過五家十家者，論賞有差，踰是者罰」，「録用命者，厚賞之」，事前明確賞罰標準，事後兑現賞罰承諾；三是緊急情況下親臨一線，指揮到位，指令明確、具體而嚴厲。這幾點，在今天仍然是現代管理制度、管理方式的重要元素，而其管理效果是顯而易見的：「迄公去，不復火。」

《宋史·徐僑傳》載：「金使至，僑以無國書，宜館之於外，如叔向辭鄭故事，迕丞相意，力丐休致，帝諭留甚勤。」而《家傳》的記載是這樣的：

> 一日講次，上問及韃使事。公奏：「所謂韃使者，即王檝也。其自言有姊妹，備數韃之後宫。襄帥史嵩之欲藉以結好。如其言，則堂堂中國，屈己講好，主於其宫妾。於國體所係甚大。願詔大臣，謹其始而亟絶之。」既而堂帖下泰常，以蒙古使人入朝，差知典禮人祗應。公復奏：「檝與鄒申之、劉普等衷謀而來，非韃使，無國書，自當絶之於境。今既縱之來矣，宜館之於外，諭以聖上尚此服

衰，未可以嘉服臨見。如晉叔向辭鄭故事。」

按：關於此事，幾乎所有關於徐僑的傳記資料都有提及，或作「韃使」，或作「北使」，而稱「金使」者唯有《宋史》，或爲筆誤，此北使應非金使，當以《家傳》爲是。《家傳》所提到的王檝，《元史·王檝傳》載：「字巨川，鳳翔虢縣人……壬辰，從攻汴京。癸巳，奉命持國書使宋，以兀魯剌副之。至宋，宋人甚禮重之，即遣使以金幣入貢。檝前後凡五往，以和議未決，隱憂致疾，卒於南。宋人重賵之，仍遣使歸其柩，葬於燕。」此人是南宋與蒙古謀劃聯合滅金行動的蒙方重要參與者。而史嵩之，則是宋方主要參與者。《宋史·史嵩之傳》載：「（紹定）五年，加大理卿兼權刑部侍郎，升制置使兼知襄陽府，賜便宜指揮。」紹定四年（一二三一），蒙古統帥拖雷依照成吉思汗「假道於宋、聯宋滅金」的遺策，遣使赴宋，商議借道。紹定五年，蒙古派王檝出使，商談南北夾攻、聯合滅金事宜。史嵩之將此事奏報朝廷。其實對於南宋王朝而言，歷史殷鑒可謂切膚之痛。宣和二年（一一二〇）大宋與金訂立聯金滅遼的「海上之盟」，而金兵在滅遼後趁勢直接大舉侵宋，北宋王朝因而有「靖康之耻」。有鑒於此，朝中大臣提出反對意見的不乏其人。但理宗置若罔聞，他命史嵩之回報應允蒙古，史即派鄒申之出使，並簽訂了聯合滅金的協議。此舉固然加速了金國的覆亡，使南宋朝廷得到復仇雪耻的一時之快感，却也加速了南宋亡國的進程。

可見，上述記載有重大歷史背景，其意義並不僅僅在於是否應由皇帝出面接待北使及國格禮儀問題，實際上關乎南宋存亡與歷史走向。因此，徐僑反復上言諫議，似乎是不顧强弱之勢，拘於外交禮儀，實際上反映了他對於歷史殷鑒的高度重視和深謀遠慮。

南宋到了理宗朝，内憂外患交並，誠如徐僑所言：「國本未建，疆宇日蹙；權幸用事，將帥非材；旱蝗相仍，盜賊並起；經用無藝，帑藏空虚；民困於横斂，軍怨於掊克；群臣養交而天子孤立，國勢阽危……」金國尚未滅亡，而蒙古已虎視在側，此時的南宋離亡國只有半個世紀。面對帝國日薄西山的命運，徐僑痛心疾首，憂心如焚。他多次向君王上奏條陳建議，旨在通過對儒家基本理念和行爲規範的宣導和踐履，從根本上懲治世風，拯救末世。《義烏宋先達小傳》謂：「其（徐僑）在人君前論學，則曰『在正心』，論治則曰『在知人』。其教學者，以命、性、心、中、誠、仁爲窮理之要，『九思』『九容』爲主敬之本，平日奉身苦約，人不堪其貧。」奈何帝國至於末世，執政者因循苟且，敷衍以應時，頭痛醫頭、脚痛醫脚尚且不及，何暇於從根本上革新政治。「惜乎，時不能用其言，使當時不復見太平之治，非公之不幸，實天下之不幸也！」（龔永吉《宋待制徐文清公家傳序》）

理宗似乎大力崇揚理學，禮敬碩儒耆艾，亟欲有所作爲，但如《宋史·理宗本紀》所述：「其中年嗜欲既多，怠於政事，權移奸臣，經筵性命之講，徒資虚談，固無益也。」南宋王朝至此也已病入膏肓，但以徐僑爲代表的人們，在衰亡局勢中的苦心孤詣，慘淡經營，他們永不放棄的努力，值得我們後人致以敬意。

徐僑在學理上兼收並蓄，在學統上繼往開來。他繼承朱子、吕氏的學説事業，授徒講學，弘揚理學，成爲南宋有影響力的理學大家。

黄宗羲編纂、全祖望補修《宋元學案》卷七十三《麗澤諸儒學案》載：「葉邽，字子應，金華人。大冶主簿，受業吕成公之門。以所得於成公者授徐文清公僑。文清後爲朱文公門人高弟，而於先生執弟子禮，没身不衰。」《宋元學案》卷六十九將徐僑小傳歸入《滄洲諸儒學案（上）》，而傳後附馮雲濠案語云：「梨洲《學案》原本，歸文清弟子朱先生元龍於《東萊學案》。謝山《序録》於《麗澤諸儒學案》云：『明招諸生，歷元至明未絶。』亦兼指文清所傳學派而言。顧文清卒業於晦翁，爲朱門高弟，數傳而後，如黄文獻諸先生多稱朱學，則文清學派宜入《滄洲諸儒學案》爲是矣。」按，黄梨洲編《宋元學案》，原本曾將徐僑及其弟子歸於東萊學派，補修《學案》的謝山先生也持相近觀點，但後來定稿則將其歸於朱子理學一脉，也正是因爲徐僑及其弟子學兼晦庵與東萊。《宋元學案》載王梓材案語云：

東萊學派，二支最盛，一自徐文清（僑），再傳而至黄文獻（溍）、王忠文（褘），一自王文憲（柏），再傳而至柳文肅（貫）、宋文憲（濂），皆兼朱學，爲有明開一代學緒之盛，故謝山云「四百年文獻之所寄」云。

不過，將徐僑及其門人歸於朱子理學的觀點最終還是占主導地位，不爲無因，即如被視爲兼傳東萊學派的宋濂，自己就持這樣的觀點。他在其所撰《葉由庚傳》末有云：

婺傳朱熹之學而得其真者，何基則受經熹之高第弟子黄榦，而王柏則基之門人也。至若徐僑，親承指授於熹，而由庚從僑遊者最久，又盡得其説焉。及僑既没，由庚與基、柏遂以道學爲東南倡。評者謂基深潛沖澹，得學之醇；柏通睿絶識，得學之明；由庚精詳暢達，得學之通。

《宋元學案》卷七十《滄洲諸儒學案》（下）專列「毅齋門人」一節。兹全録如下：

祕書王唐卿先生世傑

王世傑，字唐卿，義烏人。官祕書丞。初徐文清公倡道丹溪上，及門者或仕或不仕，皆時聞人。文清之學，蓋親得於考亭，而先生則有得於文清者也。（參《黄文獻集》）

左司朱勵志先生元龍

朱元龍，字景雲，義烏人。嘉定十六年進士，歷除宗正丞，兼權左司郎官。宦官陳恂益求建節，事下都司議。先生擬曰：「優異内官，寵賁節鉞，雖出於特恩，主張國是，愛惜名器，必由於公論。不可。」宰臣傳旨，令改擬。對曰：「吾職可罷，筆不可改也。」有宗室與民論圩田，衆莫敢决。先生曰：「於法，品官不許佃民田，奈何天子屬籍之親，乃争田訟邪？」毅然决之。時議括兩淮浮鹽，先生謂：「朝廷而行商賈之事，廟堂而踵諸闤之規，使史氏書曰：『括浮鹽，自今日始。』不可。」又兩上封事，自宫禁朝廷以及百官萬民皆痛切言之。先是，史嵩之在督府，先生劾其殺富民王倫爲非，已而嵩之入相，遂斥去，予祠。（參《王華川集》）

（雲濠謹案：王忠文嘗序先生《左司集》云：「始公受學鄉先生毅齋徐公僑，又從四明絜齋袁公遊。」公之學蓋會朱、陸之異以爲同。其予祠也，家居十年以卒，又稱先生爲厲志先生。「厲志」一作「勵志」。）

葉通齋先生由庚

葉由庚，字成甫，義烏人。生而口吃，嗜讀書。試有司不中，遂絶意進取。時徐文清倡明朱子之學，先生執經從之。文清授以中、誠、仁、命、性、心六字之説。與金華何北山、王魯齋辯析理學，不立異，不苟同，虚己精索，必求真是之歸。其誨學者曰：「古之人知行並進，若纏蔽於文字間，待其知至而後行，是終無可行之日也。」人以爲名言。學者稱通齋先生。

鄉貢朱先生中

朱中，義烏人，徐文清弟子。著《太極演説》《經世補遺》。（補）

（雲濠謹案：先生宋鄉貢進士，爲文清高第弟子。見宋濳溪所銘先生孫裕軒墓碣。）

誠如明崇禎《義烏縣志·儒林》所述：

烏自徐僑受業朱熹，以道學爲東南倡，而葉由庚又得其精而益闡揚之。淵源流派，至於我朝，碩學之士往往輩出焉。雖所造淺深不同，然皆能遨遊乎經籍之圃，而步武乎先哲之躅矣。

上述文獻資料足證徐僑對於理學的重大貢獻。

徐僑出仕以後回鄉治學授徒主要有兩個時期，前期是在他四十歲上下的兩次丁憂期内，而後期則是在他六十歲至七十四歲之間，寧宗嘉定十二年（一二一九），徐僑因上表直斥時弊，觸怒權相史彌遠，遭彈劾去職還鄉，直至理宗紹定六年（一二三三），「丞相史彌遠薨，上始親攬政權，思得宿望，以礪貪風，以新大化。是時，中外延頸以俟登用者，惟公與真公德秀、魏公了翁三數公而已。於是有旨落致仕，以直寶謨閣、江東提刑起公，公辭。十一月，除秘書少監，三辭始拜命」（《家傳》）。端平元年（一二三四），徐僑「與諸賢俱被召，遷秘書少監、太常少卿」（《宋史・徐僑傳》）。在居鄉期間，他於南鄉赤岸東岩，蓋平房和茅屋數間，起居之外，另辟屋舍以爲東岩書舍，供弟子門人研習住宿。

徐僑授徒講學，傳承和弘揚理學的人生實踐，有一個重要的背景，就是隨着南宋定都杭州，浙江理學興起，書院興盛。南宋時與朱熹同時的理學代表人物還有吕祖謙和陸九淵。《宋元學案》指出：宋乾、淳以後，學派分而爲三：朱學也，吕學也，陸學也。三家同時，皆不甚合。朱熹着力於通過解注「四書」來闡揚理學，强調格物致知。陸九淵倡論「心學」，强調「返求我心」。而吕祖謙爲學則經史並重，講求實學，有兼收並蓄的氣度風範。當時朱熹學派和陸九淵學派在諸多學術問題上有争議，吕祖謙試圖調和融會兩家，於淳熙二年發起和主持學術討論聚會，邀請朱熹和陸九淵到信州（江西上饒）鵝湖寺共同探討學理，是爲著名的「鵝湖之會」。吕祖謙與朱熹在理學思想上也有同有異。作爲理學大師，他們同出胡憲門下，都尊崇周敦頤、程顥、程頤、張載等理學家，共同編撰了被稱爲「集理學之大成」的《近思録》。朱熹《書近思録後》謂：「淳熙乙未之夏，東萊吕伯恭來自東陽，過予寒泉精舍。留止旬日，相與讀周子、程子、張子之書，歎其廣大閎博，若無津涯，而懼夫初學者不知所入也。因共掇取其關於大體而切於日用者，以爲此編。總六百二十二條，分十四卷。」吕祖謙生前，朱子對他多有讚譽之辭。《宋史·吕祖謙傳》載：「朱熹嘗言：『學如伯恭，方是能變化氣質。』」朱子甚至遣其子赴金華師從於吕祖謙。但他們也有相異之處，如吕祖謙經史並重，讀史治史，用力甚勤。而朱熹却反對讀史，他在吕祖謙去世之後，曾經説過：「『看史只如看人相打，相打有甚好看處？陳同甫一生被史壞了。』直卿亦言：『東萊教學者看史，亦被史壞。』」又：「伯恭於史分外仔細，於經却不甚理會。」（《朱子語類》）東萊講學不廢科舉，朱熹則反對講科舉。在《答時子雲》中，朱熹説：「向編《近思録》，欲入數段説科舉壞人心術處，而伯恭不肯。今日乃知此個病根從彼時便已栽種，培養得在心田裏了，令人痛恨也。」

儒學内部各學派間的論辯與互通、差異與融合，是徐僑成爲一位融會貫通、繼往開來的理學大家的一個重要背景。他轉益多師，在思想學理上自然呈現出兼收並蓄的特點。

由於徐僑文集毁於火，我們難於具體把握其理學思想以及朱氏、吕氏學説對他的影響，但從徐氏所存文字和一生仕宦經歷來看，求真務實、學以致用是其重要的思想元素和風格，其思想學説和政治主張具有金華學派色彩和强烈的現實針對性。正如《宋史·徐僑傳》所述：「故其學一以真踐實履爲尚。」而這與吕祖謙學説的影響也是分不開的。

吕祖謙（一一三七——一一八一），字伯恭，婺州（金華）人。南宋思想家、文學家，浙東金華學派創始人。他與朱熹、張栻齊名，並稱「東南三賢」。分别以吕祖謙、陳亮、葉適爲代表的金華、永康、永嘉三大學派，作爲南宋重要學派，都鮮明體現着浙江思想家强調經世致用、注重現實事功、講求社會功效的文化性格。

吕祖謙爲學於精研經術之外，十分重視史學研究，他反對空談性命之説，注重社會現實與實際事功。他曾明確表示其講學宗旨：「以孝、悌、忠、信爲本」（《乾道四年九月規約》），「明理躬行爲本」（《乾道五年規約》）。他自己也是這樣身體力行的。《宋史·吕祖謙傳》載：「（吕祖謙）少卞急，一日，誦孔子言『躬自厚而薄責於人』，忽覺平時忿懥涣然冰釋。」可見其求真務實、學以致用、知行合一的學風。著名氣象學家、地理學家竺可楨先生發現，吕祖謙《東萊吕太史文集》卷十五《庚子·辛丑日記》中有關於臘梅、桃李等二十四種植物的系列物候記録，他在與宛敏渭合著的《物候學》（科學出版社一九八〇年）中指出：

南宋浙江金華地區的吕祖謙（一一三七—一一八一）做了物候實測工作。他所記有南宋淳熙七年和八年（一一八〇—一一八一）兩年金華（婺州）實測記録，載有臘梅、桃、李、梅、杏、紫荆、海棠、蘭、竹、豆蔻、芙蓉、蓮、菊、蜀葵、萱草等二十四種植物開花結果的物候和春鶯初到、秋蟲初鳴的時間，這是世界上最早憑實際觀測而得的物候記録。世界别的國家没有保存有十五世紀以前實測的物候記録。日本櫻花記録始於唐，但只櫻花而已，不及其餘，而吕祖謙記録的物候多到二十四種植物的開花結果和鳥、蟲的初鳴。同時人朱熹爲吕祖謙物候書作跋説：「觀伯恭（吕祖謙號）病中日記，其翻閲論著固不以一日懈，至於氣候之暄涼，草木之榮悴，亦必謹焉。」

淳熙八年的物候學記録，是東萊先生爲學生涯中最後階段的實證記録，充分體現了東萊學説求真務實與躬行踐履的實學精神。在相對缺乏自然科學精神，甚至在許多人對腐草化螢、柳葉化魚之説深信不疑的文化氛圍中，吕氏對自然現象、物候物件和規律的實證觀察、記録和研究的科學精神實屬難能可貴。

《宋史·徐僑傳》載：「僑嘗言：『比年熹之書滿天下，不過割裂掇拾，以爲進取之資，求其專精篤實，能得其所言者蓋鮮。』故其學一以真踐實履爲尚。奏對之言，剖析理欲，因致勸懲，弘益爲多。若其守官居家，清苦刻厲之操，人所難能也。」求真務實的文化性格使徐僑學兼吕、朱二子之説，融會貫通，繼往開來，成爲推動南宋義烏儒學和文化事業發展的重要人物。

後記

《徐文清公集》整理工作的完成延宕了太久的時間，搜集點校固然不易，但更主要的原因是由於筆者在搜集輯校的過程中始終有漏失之恐和遺珠之歎。一想到無論怎樣搜集，將要完成的，終非全本和完稿，對於追求完美的我而言，心中便不免頗感失落和躊躇。徐僑既師從葉邽，爲吕祖謙再傳弟子，又得朱熹耳提面命，親炙真傳，且朱氏對其青眼有加。吕氏與朱氏，吕氏篤實，朱氏精粹，皆爲理學宗師，一代大儒，可謂雙峰聳峙，二江並流。徐僑氏得以承繼兩大宗之餘緒，彙集兩大脈之淵源，其述理講學，必定大有可觀。正是出於這樣的好奇，筆者選擇承擔了這個課題，但搜羅的結果很難説是理想的。明弘治壬戌（一五〇二），徐僑後裔徐興得到的幾乎已成孤本的《毅齋文集》十卷竟毁於回禄，斯人斯文而有斯厄，可爲一歎！

我是一個較爲感性的人，直到工作進行到最後環節，還是遲延數月，因爲前言與後記的撰寫，必然涉及對徐僑的思想和生平的整體評價，而由於其闡發理學思想、人生理念與政治主張的文章絶大多數已經亡佚，實難想象其全人，因而一而再再而三地推遲動筆和交稿。按照孟子的讀書尚友之説，整理《徐文清公集》的過程，也是筆者逐漸接近、感知和感悟毅齋先生其人其事的過程。進行到最後，越是接近他，越是有許多的感慨。面對心中逐漸清晰的文清公形象，既悲其志意，復歎其遭逢。

要感謝張涌泉、盧敦基兩位同窗對我的信任、理解、幫助和支持，讓我得以從事本集的整理工作。感謝方建新教授的認真審閲、悉心指謬與把關，使之得以定稿。同時也要感謝義烏方志辦吴潮海主編、傅健兄、義烏電視臺鮑志宏和義烏諸君對我的大力幫助，在我一直找不到感覺去完成述評時，諸君不僅幫助我來到徐氏故里，從文清公後人那裏敬閲了《徐氏宗譜》（包括《徐文清公紀録》），而且也以其古道熱腸，幫助我找到了某種感覺通路，得以用我的心去感知一方水土，一種鄉韻，從而在一定程度上跨越了時空局限去感知徐文清公。我也要感謝義烏的創業者們。常想起二十世紀八十年代中期，第一次乘火車過義烏站，看到男女商販們汗濕衣衫，扛着大包大件擠上火車，或坐或卧於行李之上，度過辛苦而漫長的旅程，以後每次經過都看到同樣情景。義烏經濟的繁榮正是由此起步的，義烏奇迹是千萬義烏人辛勤和汗水的結晶。而包括本項目在内的義烏叢書的經費，就源於他們的辛苦和汗水。他們勇於擔當、務實辛勤的精神，正是對徐僑精神的傳承和發展。

交稿之際，懷有一種深深的歉意，爲自己學識寡陋，更爲這宿命般的殘缺。我們看到的是已看到的，而看不到所看不到的。其實我應該明白，相對那個「大一」，未完成和不完整纔是真實的，所以我還是努力完成那未完成，謀求不完整的完整。希望自己努力的結果，無愧於義烏的先賢、朋友和勞動者，也歡迎讀者不吝指謬和賜教。

編者

二〇一二年春於浙江大學西溪校區